あきれた、ふざけた地方議員にダマされない！

佐野美和
SANO MIWA

牧野出版

あきれた、ふざけた地方議員にダマされない！

佐野美和

まえがき

全国各地で、地方議会議員（以下地方議員と略します）の不祥事が相次いでいます。なかには啞然、呆然とするものもあります。

この本を書いたのは、日ごろ地方議員を監視、チェックすることで、あきれた、ふざけた地方議員を次の選挙で再選させてはいけないと思っているからです。

都議会でのセクハラヤジや政務活動費の不正使用、危険ドラッグ所持による逮捕、公職選挙法違反など地方議員をめぐる不祥事報道が相変わらず絶えません。

あまりに「あきれた、ふざけた地方議員」が目につきますが、そもそも地方議員の議員報酬が多すぎるのではないかとの議論も出てきています。

地方議会は住民の民意を反映させる場で、行政の監視役でもあります。

その役割を担っているはずの地方議員は、はたして高額の議員報酬に見合った働きをしているのでしょうか？

欧米の場合、地方議員は地域に密着した基礎的自治体で、そもそも地方議員は無報酬のボランティアです。地方議員は、ほとんど本業で生計を立てています。そのため、議会はわざわざ夜間に開催されているところもあります。

それをそっくり日本の地方議会も真似すべきだとは言いませんが、満足に働かず報酬だけ得ているようなあきれた、ふざけた地方議員は住民にとって必要ありません。

そうした残念な地方議員を次の地方選挙で再選させてはいけません。


私のことを知らずに、この本を手にとったという読者もいると思います。

八王子市出身の私は大学在学中、18歳からフジテレビの深夜番組『オールナイトフジ』に出演し、「オールナイターズ」のメンバーとして活動しました。

土曜日の夜に生放送する『オールナイトフジ』は人気番組で、オールナイターズは歌や踊り、ＭＣ、コントも披露していました。

まったくの素人で、そこが売りでもあり、視聴者にもそれがウケていたようです。今では、「女子大生ブーム」の火付け役ともなった伝説の番組とも言われています。

ただし、私が同番組に出ていたころは、そのブームも下火になり始めていました。ちょうど空前の「女子高生ブーム」を引き起こした『夕やけニャンニャン』という番組が始まったころです。両番組は企画者もスタッフもすべて一緒で、勢いには雲泥の差がありましたが、姉妹番組のような感じで絡むことも多くありました。

当時、テレビ業界で最も勢いがあったのはフジテレビです。そこのスタッフと一緒に時間を過ごせたことは、私の人生を大きく変えるきっかけとなっています。

24歳で応募した「ミス日本コンテスト」（1992年度）も、自分の力を試したいという強い思いを抑えきれずに、みずから応募用紙を書きました。幸い、ミス日本に選んでいただきました。

八王子市議会の地方選挙に出馬しようと思い立ったのは、26歳を過ぎたころです。当時、政党の支持もなく、おしゃれや日常生活を楽しんでいるように見える若い女子が地方議会に出馬するなど皆無の時代でした。

そんな時代に、だれから推されたわけでもなく、みずから出馬を考えていたのです。周りから「だれかバックについているのですか」と聞かれたこともありましたが、そうしたこともまったくありません。

20代の女子が地方政治の舞台に立ち、それまでの慣例にとらわれず自分が思ったことを発言していこうと思っていました。

まさに、ズブの素人がテレビで芸を披露する『オールナイトフジ』の政治版のような発想でした。

そのころ私はラジオ番組『TBSラジオショッピング』の放送作家をしていて、それに関連する会社を25歳で立ち上げて生業としていました。

95年4月、八王子市議会選挙に28歳で出馬し、無事に当選を果たすことができました。つまり、これから述べていこうとする地方議員の経験者というわけです。

市議時代の6年間（95年～２００１年）は、閉鎖的な地方議会に色濃く残っている古色蒼然とした慣習との戦いでした。

当時、いわゆる「美人政治家」としてマスコミの注目を浴びており、殺到する取材に「ここはテレビ局じゃない」と議会に揶揄されたこともあります。

市議時代、もちろん市議会を活性化して八王子市政を向上させることを目標にしていました。ただ、私もかなり調子に乗り、逸脱した行動があったことも認めます。

96年、私は政治活動を市民に報告するためのホームページ『朝立ち日記』を立ち上げています。選挙期間中毎日のように駅に立っていた経験から、この名称をつけました。まだ、ホームページを開設している企業や個人は少なく、なかでも日本の議員のなかでは突出して早いほうでした。

そして、01年、「市議会では自分が目標とする政策を実現できない」という思いもあって東京都議会議員選挙に立候補しました。

選挙戦では、市議時代から取り組んでいた「痛勤サラリーマン支援」など独自の公約を掲げて全力で戦いました。

しかし、当時絶大な人気があった小泉純一郎首相の「小泉旋風」に私の公約など掻き消され、訴えたい声も有権者に届かないまま落選しました。

だいぶ後になって、政界を引退した小泉元首相はじめ数人と京都で食事をしたことがありました。そのとき「小泉さんのおかげで議員から足を洗うことができました」と話したら、「よかった！　それでいいんだ！」と得意のワンフレーズで返されました。

落選後は、みずから考えた「政治キャスター」という肩書きで、ネットを使って国会議員のインタビューを14年以上も続けています。

今、ネットで『会いに行ける国会議員 みわちゃんねる 突撃永田町!!』のメインキャスターを務めています。

これまでインタビューした国会議員は麻生太郎さん、亀井静香さん、鳩山由紀夫さんなど延べで500人以上にも達しています。

ちなみに「政治キャスター」という肩書きを使っているのは、日本では私一人しかいないはずです。

国会議員にインタビューする際、もっとも大切にしているのは、こちらが相手を見るときの目線です。その目線は眼力にも繋がると思いますし、もともと自分に自信がなければキョロキョロと挙動不振になってしまいます。

選挙に落ちた上に、収入も不安定では国会議員にインタビューなどできるわけがないと考えて、ビジネスにも熱を入れてがんばってきました。国会議員のインタビューでは、なるべく対等な目線が欠かせないと思っていたからです。

もともと25歳で立ち上げた会社で､細々とラジオCMの広告代理店をやっていましたが、それでは国会議員の自信に満ちた目線に負けてしまいますので、「国会議員よりも多い給料」というのを目標にしてビジネスにも力を注いできました。

それは選挙への出馬を無責任に推してくる周りからの勧誘に対して、今もブレずにいられる強い意志の源泉ともなっています。

ですから、政治キャスターとして国会議員のインタビューをしていても、その国会議員の前職での収入がとても気になります。それはまた後で述べるとして。

私は地方議員の経験者ですから、今だから明かせる議員秘話もあります。この本では、そうしたことも織り交ぜながら、あきれた、ふざけた地方議員に有権者がダマされないための方策を探っていこうと思います。

2015年4月、4年に一度の統一地方選挙では、1万5241の地方議員の議席（3月1日現在・総務省）をめぐって選挙が行われます。

みなさん、これからあきれた、ふざけた地方議員を一緒に監視、チェックしていこうではありませんか。

そして、次の選挙で「あきれた地方議員」がいなくなる地域を目指しましょう。

※敬称は基本的に略させていただきました。
※年齢は当時のものです。

あきれた、ふざけた地方議員にダマされない！

――目　次――

プロローグ

第一章 有権者が唖然、呆然とする地方議員の低レベル

地方議員列伝 こんな議員もいた！

第二章　六つの型に分類される地方議員

第三章　地方選挙でダマす候補者、ダマされる有権者

第四章　ネット時代の地方選挙

第五章　地方選挙の望ましい姿は地域誘導型

装　丁　緒方修一
本文DTP　小田純子

プロローグ

あなたが、この本をスムーズに読み進んでいくことができるように、まず必要と思われる基本的な知識をプロローグで書いておきます。

すでにご存知なら、理屈っぽい解説などサッサと飛ばして、第一章から読み始めてください。

そして、ときどき地方議会をめぐる言葉の意味、仕組みなどがわからなくなったら、それを確かめるためにプロローグに戻って読んでもらえたらと思います。

国会と地方議会の決定的な違い

地方議会の役割とは、そもそも何なのでしょうか?

それを考える前に、日本国憲法第41条を読んだことがありますか?

まだ読んでいないなら、ここで紹介します。

〈国会は、国権の最高機関であって、国の唯一の立法機関である〉

国会の地位や立法権についての規定です。

日本は、議院内閣制を採用しています。

議院内閣制では、国家の統治権を意味する国権は司法権、立法権、行政権に分けられます。そして立法権を議会、行政権を内閣、司法権を裁判所が担っているのです。いわゆる「三権分立」と呼ばれるものです。

この三権分立を前提に、国会は主権者である国民の意思を直接反映する最高機関とされているのです。ただ、権力分立の観点から最高機関である立法権に対して司法権や行政権の制限が一切およばないわけではありません。

一方、地方議員が活動する日本の地方自治制度では首長制が採られています。そのため、地方議会が地方公共団体の最高機関というわけではありません。

首長制では、首長や地方議員が住民の直接選挙によって選ばれます。そのため、地方議会は、条例の制定権や改廃権を持っています。その点、首長にも規則の制定権や改廃権があります。

ですから、地方議会が地方公共団体での唯一の立法機関ではないのです。

首長と地方議会は住民を代表する機関として対等で、それぞれ牽制し合うことで地方自治が円滑に運営されていくことが期待されています。

ただ、首長には地方公共団体の統轄代表権や予算執行権など強力な権限があります。そのため、地方議会は首長に比べて存在感がなにかと薄れがちです。

最近、そうした地方議会の実情もあって「地方議会不要論」も唱えられるようになってきています。

地方議員の高額な議員報酬や物見遊山的な海外視察、政務活動費の不適切な使途など税金のムダ遣いが各地で問題になっているからです。

日本の地方自治体は、首長と地方議会がそれぞれ強い権限を持つ「二元代表制」とも呼ばれています。

地方議会は住民の民意を反映させる場であり、行政の監視役でもあります。

ところが地方議会が首長と「一体化」してしまい、行政の監視機関としての機能を果たしていないところがあります。

お手盛り地方議会――。

そう揶揄する住民の厳しい声もあります。

確かに地方自治体と議会を見ても、首長は議会の最大会派からの出身というケースが多く、首長と議会与党とがズブズブの関係になっています。

さらに、議会の最大与党が選挙で応援した人でないと、首長も当選しないという図式になっているのです。

ですから、議会は行政の監視役どころか、首長そのものをコントロールできる状態になっています。

地方議会が、もともと期待されている役割をちゃんと果たしていないケースが少なくないために、市民感覚からすると地方議員の報酬は高すぎるという声に繋がるのです。

これから健全な地方分権を進展させていくには、地方議会が強大になった首長の権限を監視、チェックする機能を果たしていくことが求められています。

地方議員にとって、その役割を適切にこなせるようになれば存在意義も増していき、いずれ地方議会不要論も消えていくのではないでしょうか。

住民から〝不正の温床〟と批判される「政務活動費」をめぐる動き

地方議員による政務活動費の不適切、不正な使用が後を断ちません。

そもそも政務活動費は、議員の政治活動をサポートする目的で支払われていますが、その不適切、不正な使用が地方議員の間で横行しているのです。

全国各地の自治体で今、政務活動費の大幅な見直し、その使用の透明化を求める住民の声が強まっています。

実際、オンブズマンなど住民側の監視、チェックによって、そのあきれるような政務活動費の不適切、不正な使用が次々と発覚しています。

たとえば「ホテルに宿泊した」と申告していながら実際は親族の家に泊まっていた、市政と関係ないレジャー施設に頻繁に立ち寄っていたなど裏工作のオンパレードです。なかには『江戸の性愛図鑑』を購入した、事務所で観葉植物や常備薬を購入したといったものまでありました。

政務活動費の不適切、不正な使用ケースを挙げたら、情けないほど枚挙に暇《いとま》がありません。要するのに、なんでもありなのです。

そもそも住民から〝不正の温床〟と批判されている政務活動費とは、どういう趣旨のお金なのでしょうか？

住民自治の基本となる地方自治法は、戦後間もない1947年に制定されています。当時、地方議会の議員には議員報酬、費用弁償を支給することが規定されていました。しかし、その他の金銭支給については、これといった規定はありませんでした。ですから、各地方自治体が独自の条例を設けて地方議員に対して調査研究費や通信費、退職手当などを支払っていました。むろん、その原資は税金です。

1956年、「地方行政の運営を合理化する」目的で地方自治法が改正されました。各地方自治体は、その改正によって地方議員への議員報酬、費用弁償、期末手当などの支給が法的にも可能になったのです。

逆に、地方自治体からの地方議員への金銭の支給は、いかなる名目でも法律に基づかないものは認められなくなったということです。

その結果、それまで一部の地方自治体で支払われていた地方議員への調査研究費などが支払えなくなりました。

ただ、地方議会というところは、法に抵触しない〝抜け道〟というものを必ず見つけ出します。

いわゆる悪知恵というものが本能的に働くのです。

その〝抜け道〟とは、簡単に言うと「調査研究費は議員個人に対して支給することはできないが、議員が所属する会派には支払うことができる」というものでした。

首長側も、地方議員と同じ穴に巣くう狢《むじな》のようなところがあります。

都道府県と一部の市では、地方自治法で規定されていた「……公益上必要がある場合においては、寄附又は補助をすることができる」という条文に着目し、会派活動を議員にとって都合のいいように解釈してあげたのです。

それは、「会派活動は議会を活性化し、住民意思を反映させる点で公益性がある」というものでした。

こうした議員にとって非常に都合のいい解釈によって、各地方自治体は地方議員が所属している会派に対して調査研究費や調査交付金などの名目で補助金が支給できるようになったのです。

ただ、補助金として支給される場合、首長にその支給の可否を決定できる裁量権を与えることになります。そのため、首長と会派の関係が対等ではなくなってしまいます。

その問題点が住民や専門家などから指摘されていたこともあり、全国都道府県議会議長会や全国市議会議長会は調査研究費などの交付について法律上の明確な根拠規定を設けることを求めていました。

一方、地方議会の会派代表者は首長に対して調査研究費の使用実績報告書などを提出していました。ただ、それは人件費や研究費などを項目ごとに記入するだけの簡易なものが目立ち、かなり杜撰《ずさん》なものもあったようです。

そのため、住民や専門家などから「調査研究費が、実際にどのような活動に使われたかの検証ができない」と指摘されていました。

なかには一部の住民から調査研究費の領収書添付や情報公開を求められ、その使途をめぐって住民訴訟が提起されるケースもあります。

1999年、「地方分権一括法」(「地方分権の推進を図るための関係法律の整備等に関する法律」)が成立しました。

これによって国が地方自治体に委託していた機関委任事務の廃止や国の関与の見直しが行われ、国から地方自治体へ権限が大幅に移されることになったのです。

地方分権では、地方議会の活性化も重要です。

そこで２０００年、地方分権の進展に対応した地方議会の活性化を図るために「地方自治法」が改正されました。これによって、地方議員の政務調査費の交付に関する規定が整備されています。

その規定（地方自治法第１００条）はこうなっています。

〈普通地方公共団体は、条例の定めるところにより、その議会の議員の調査研究に資するため必要な経費の一部として、その議会における会派又は議員に対し、政務調査費を交付することができる。この場合において、当該政務調査費の交付の対象、額及び交付の方法は、条例で定めなければならない〉（第13項）

〈前項の政務調査費の交付を受けた会派又は議員は、条例の定めるところにより、当該政務調査費に係る収入及び支出の報告書を議長に提出するものとする〉（第14項）

政務活動費は、以前は政務調査費と呼ばれていました。

それが12年8月の地方自治法改正によって13年3月から現在の政務活動費という名称になっています。

呼び方が改称されただけでなく、その使い道も緩和されて対象項目もかなり拡大されました。

穿った見方をすると、地方議員にとって不適切、不正な流用を規制する敷居がより低くなったということです。

現在、すべての都道府県議会、政令指定都市を含む人口20万人以上の市議会で、政務活動費交付に関する条例が制定されています。町村議会でも、かなりの数で当該条例が取り決められています。

政務活動費の支給額は、地方議会ごとに定められています。その月額は東京都議会の60万円を筆頭に、主要な13都道府県の平均額が約48万円、全国の平均額が約35万円となっています。

政務活動費の交付を受けたい地方議会の議員や会派は、議長を通して首長に交付申請書を提出します。

その交付は首長が決定し、議員や会派に告知することになります。そして政務活動費の交付を受けたい議員や会派は、交付ごとに交付請求書を首長に提出しなければなりません。

実際に政務活動費を受け取った議員や会派は、その年度分の収支報告書を議長に提出する必要があります。議長は、その収支報告書について必要と思われる場合、調査することができるようになっています。

この収支報告書は一定期間、保存されていますので、議会事務局に行けばだれでも閲覧することができます。ただ、収支報告書は閲覧できても領収書は非公開という議会も少なくありません。

なお政務活動費を交付された議員や会派は、その残りがあったら返還しなければならないことにはなっています。

それとは別に不正、不適切に使われていた政務活動費をその地方議員に返還させるためには、たくさんの資料のなかから「不適切」「不正」と思える証拠を探してこなければなりません。これをチェックするには、その議員の支出一覧をまとめた会計帳簿が欠かせません。

自治体のなかには、確かに政務活動費に領収書の添付を義務づけるところも増えてきました。

ただ、自動販売機でキップを買ったケースなどにかぎって例外的に手書きで政務活動費の申請ができる「支払証明書」が、地方議員のカラ出張や不正経費請求の温床になっているところがあります。

政務活動費の申請で、領収書の添付を義務づけている地方自治体はどれくらいあるのでしょうか？

『朝日新聞』（14年8月24日付）によりますと、なんと鳥取県を除いた46都道府県が、不正の証拠となりやすい領収書を収支報告書に添付しなくても議員に政務活動費を支給できる制度を設けていたのです。

支払証明書に領収書を添付すると、まさに不適切、不正な政務活動費の流用が明らかになってしまうからだと推察できます。

この支払証明書は、ふつう地方議会の会派の責任者、本人、会計責任者という3つの署名や押印が必要です。

ただ、議員が一人しかいない「一人会派」の場合、もちろん会派の責任者は本人で、会計責任者も議員の仲間内ということが少なくありません。

それでは、肝心のチェック機能が働きません。むしろ、その機能を働かせないようにしているのではないかと邪推してしまいます。

残念ながら、行政もそれをきちんとチェックしていないというのが実態です。

地方議会の議長は条例上、それをチェックする調査権が与えられていますが、これまで調べたというケースを耳にしたことはありません。

それでも地方議員に対するチェックを怠っていると、あきれた、ふざけた地方議員は地方自治など顧みることもなく私利私欲に走っていくはずです。

政務活動費をめぐる問題点

地方自治法は、政務活動費をこう規定しています。

〈議会の議員の調査研究に資するため必要な経費の一部〉

どうとでも受け取れるような曖昧な規定で、どんな使途に充てることができるのか具体的に明示されていません。

政務活動費を交付する項目は、各地方自治体が条例によって定めています。その項目は、たとえば調査研究費、研修費、会議費、資料作成費、資料購入費、広報費、事務費、事務所費、人件費、その他の経費などです。

地方自治法では、地方議会の議員が政務活動費の収支報告書を議長に提出することを義務づけています。ただ、その提出の時期や内容について具体的な規定がありません。

政務活動費をめぐっては、住民の監査請求で一部の地方議員がそれをマイカーのカーナビ購入代やスナックの飲食代などに充てていたという不適切な使用が次々と明らかになっています。

そうした問題に対処するため、いくつかの地方議会ではマニュアルやガイドラインを作成し、使途基準を明確化するなどの取り組みがなされています。

地方議会によっては、政務活動費の収支報告書に領収書などの添付義務がないところもあります。

ただ、住民やオンブズマンなどから「政務活動費の使用実態が不透明」といった批判を受け、そうしたところでも新たに領収書などの添付を義務づけ、使用の透明性を高める動きが見られます。

多くの地方自治体では、政務活動費の使途基準を規程や規則で定めています。ただ、そうしたものは政務活動費の交付についての簡単な説明と充当できる費目をいくつか例示しているにすぎません。

そのため、使途の判断基準としては曖昧なものになっています。結果的に、住民やオンブズマンなどから住民監査請求や住民訴訟を起こされるケースも出ています。

もちろん、政務活動費を議員の個人的な用途や選挙活動など政務調査以外の目的で使用することはできません。

しかし、議員活動として政務調査活動と選挙運動など政治活動をはっきりと区別するのがむずかしい場合もあります。たとえば地方議員の事務所ですが、それが政務調査の拠点になり、選挙事務所になることもあります。

ですから、政務活動費の不適切な使用をなくすためにも、その使途の判断基準を明確化する必要があるのです。

一方で、こうした意見もあります。

使途基準の明確化は議員や会派の政治活動の自由を阻害する——。

それでも政務活動費が税金を財源としている以上、納税者である住民にはその使途についての情報を知る権利があるはずです。

ともかく、政務活動費が本来の目的通りに使われるためには、厳格なルールと地域住民の監視、チェックが求められているのです。

地方議員の定数削減が時代の流れ

地方議員は、あくまで住民の代表者として生活者の価値観に近いところにあるべきだという意見もあります。

その点、横浜市議会の議員報酬は月額95万3000円で、全国の市区町村でもっとも高いレベルです。

同様に、神戸市の議員報酬は月額93万円と高額です。一般の生活者の感覚とは、かけ離れているのではないでしょうか。

全国各地で、地方議員の定数削減を求める動きが広がっています。

高度経済成長時代、国や地方自治体の税収はありあまっていました。当時、地方議員の多くが視察と称して税金を使った盛大な大名旅行に出かけていました。

それが一転して、今では財源が乏しい地方自治体も少なくありません。ですから、地方議員の数や質が問題にされているのです。地方議員の定数は多すぎるし、報酬も高すぎるという住民からの問題提起です。

多くの住民が「本当に、こんなに議員が必要なのか」と疑問に思っているのです。

地方議員の数や報酬は、それに見合った成果を上げているのなら問題になりません。ところが地方議員の多くは、きちんとした政策能力さえあるのか疑わしいです。議会で、財源の裏づけもなく思いつきで発言したり、枝葉末節の揚げ足取りをしたりする人もいます。

しかも、裏では首長や役人と結託して公共事業の利権を漁ったり、補助金をピンハネしたり、汚れた政治資金を受け取ったり、国会議員への政治献金のパイプ役になったりしていることも皆無ではありません。

そのため地方議会が首長と一体化してしまい、行政の監視機能を果たしていない〝お手盛り議会〟と揶揄されてしまうのです。

実際、地方議会が住民から本来期待されている役割を果たしているのか疑わしいケースもあります。

多くの住民は、そうした地方議員の残念な実態を見せつけられて「地方議員の数が多過ぎるのではないか、報酬も高過ぎるのではないか」と感じてしまうのです。

そもそも地方議員に、政務活動費など必要なのでしょうか？

あきれた、ふざけた地方議員の実態を見せつけられると、そんなもの必要ではないと思えてきます。

ちなみに東京都議会の主要政党に交付された政務活動費（２０１３年度分）は、自民党が３億７７４０万円、民主党が１億７５２０万円、公明党が１億６５６０万円、共産党が１億80万円など億超えの政党ばかりです。

日本の地方議員には、本来の議員報酬や期末手当以外に二つの財布があるといわれています。

一つ目がこれまで説明してきた「政務活動費」です。兵庫県議会の野々村竜太郎議員の号泣会見でも大きな話題となりました。

前述の通り、政策立案のための調査研究を目的に支給されるもので、東京都の場合、１人当たりの月額は60万円です。都道府県議会の議員１人当たりの支給額の平均は月額35万円となっています。

二つ目は、交通費の名目で議会や委員会に出席した日に支給される「費用弁償（手当）」です。

廃止した自治体もありますが、東京都議会では今でも１日当たり１万～１万２０００円が支払われています。

あなたが今、時給１０００円のアルバイトで働いているのなら、１日当たり10時間～12時間も働かないと得られない金額です。

むろん、地方議員は「議員報酬」という本来の財布も持っています。

47都道府県の議員報酬の最高額は東京都で、都議会議員には月額１０２万５０００円の議員報酬が支払われています。47都道府県の平均額は、月額で78万９０００円となっています。

それ以外にも、６月と12月にサラリーマンのボーナスに当たる期末手当が支給されています。東京都の場合、その額は中小企業のサラリーマンの年収に相当するほどの436万円となっています。

1983年段階では、都道府県議会議員と市町村議会議員を合わせた地方議員の定数は7万1000人でした。

それが、2014年には3万4220人まで減っています。この30年間で、地方議員の定数が48％も減っているのです。

ところが、その議員報酬は期末手当を除いた月額で東京都議会議員の場合、83年に74万円だったものが、なんと15年には102万5000円にまで増えているのです。

つまり、地方議員の定数は減っているといっても、議員報酬は右肩上がりを続けているのです。

地方議員の定数や議員報酬は、その自治体の住民数の変化にともなって増減します。日本の人口構成が大都市集中型になっていますから、東京都の場合、議員の定数にしても報酬にしても全国で一人勝ちの状態です。

一方、過疎化が進んでいる地方自治体では、人口減にともなって議員の定数も報酬も減っていきます。そのため、議員の成り手がいないという事態が生まれます。

地域主導の「地方創生」――。

言葉は立派ですが、実態がともなわないと何の意味もありません。

なかには、まだまだ地方議員の定数を削減すべきだという意見もあります。

その定数は、市町村合併の影響もあって最近10年間で40％以上も減っています。ただ、欧米に比べるとまだまだ多いというのが実情です。

たとえば横浜市議会の議員定数は86人ですが、同程度の人口規模のアメリカの都市では10～20人程度です。

単純に比較はできませんが、横浜市の場合、人数が多いため議員1人当たりの責任が散漫になっている恐れがあります。

東京都御蔵島《みくら》や青ヶ島村、長野県売木《うるぎ》村などでは、それぞれ村議会議員の議員報酬は月額10万円で、村民1人当たりの所得額を大幅に下回っています。

こうした議員は当然、議員専業では生計が成り立ちません。ですから、議員以外の本業でちゃんと家計を賄っているのです。

アメリカでは、地域共同体の一員として住民本位に考える地方議員が尊敬されるといいます。ですから、地方議員も、そうした地域とともに生きる議員でありたいと常に努力しているそうです。

一方、日本の地方議員には、住民のために働く人もいますが、自分の名誉や利権、次の選挙のためだけに汗をかく人もいます。元地方議員として、気持ちはよくわかります。

また、議会を運営するには議会費がかかります。議会費には議長報酬や議員報酬、期末手当のほかに議会事務局の職員人件費、備品購入費、議長交際費などが含まれます。

平成の市町村合併によって地方議員の数は大きく削減されたとはいっても、議会費は大きな固定費として財源の乏しい地方自治体の財政を圧迫しています。

日本の地方議会の大きな問題点は、まさに無用としか思えないあきれた、ふざけた地方議員が大勢いることです。そうしたあきれた、ふざけた地方議員が税金で禄を食《は》んでいるということです。

ともかく、役に立たない地方議員が大勢いると、税金のムダ遣いどころか、地方自治体の政治と行政がマヒしてしまいます。

ただ、地方議会の議員定数を減らした結果、地域の金を持ったボスしか当選しない議会になったり、議会に対する監視、チェックが働かなくなってしまったりすると逆効果というものです。

むろん、民主主義ですから多数の横暴を牽制したり、少数者の利益を代表したりしている地方議員も必要です。

地方議員の定数を減らすのは、住民に最小限必要なサービスを保証しながら効率的な地方自治体を作っていくためです。

町村にかぎった話ですが、地方自治法の第94条では自治体は議会を必ずしも設置する必要はなく、その自治体の有権者による直接民主制を議会機能の代わりにしてもよいとされています。

ですから、住民が立ち上がり、全員が〝議員〟として地方自治を機能させることができることを議員も関係者も肝に銘じておくべきです。

事実、有能な地方議員も数多く存在しています。しかし、住民が「地方議員性善説」に立つのは、もはや限界という時代を迎えているのです。

第一章
有権者が唖然、呆然とする
地方議員の低レベル

日本中が唖然、呆然とした絶叫・号泣会見

どうして、あんな人が地方議員になれたのか？

地方議員に接して、そんな疑問を抱くことがあります。

２０１４年7月1日、テレビのニュース番組で異様な光景が流れました。

兵庫県議会の野々村竜太郎議員（47）が、約３００万円の政務活動費（２０１３年度分）を不正に使用していたという疑惑を持たれ、釈明の記者会見に臨んでいたのです。

私は、テレビに映った野々村県議を見て唖然としました。

野々村県議は耳に手を当て、雑巾を煮しめたような顔で記者の質問を聞いていました。そして涙ながらに釈明していたとき突然、感情的になって取り乱し始めたのです。自分本位の発言を続けるうちに号泣し、手でテーブルを叩き出しました。

「みなさんのご指摘を真摯に受け止めて、議員という大きなカテゴリーに比べたら政務調査費、せいっむ活動費の～、報告の～、うぇえ、折り合いをつけるっていうことで（中略）。もう一生懸命、本当に少子化問題、高齢ええ者っはあ～あ～。高齢者問題は～、我が県のみぅわっはっは～ん。我が県の、はあ～、我が県のみならず、西宮みんなの、日本中の問

題じゃないですか。自分としては、『何で、実績に基づいてキッチリ報告してんのに、何で自分を曲げないといかんのや』と思いながらも～」

なにを言っているのかわからない、ただただ泣き叫んでいる異様な会見でした。

私は、これまで議員の釈明会見をたくさん見てきました。ただ、あんなに感情を前面に出したものは初めて目にしました。

唖然、呆然として開いた口がふさがらず、なんとも言えない不快感を覚えました。次のニュースが流れても、そのショックがなかなか治まりませんでした。

直ぐにスマホやパソコンで野々村議員を検索したのは、むろん私だけではなかったはずです。

野々村県議の釈明会見は、まさに21世紀のワースト会見として名を残すものでした。ただ、何度も見ているうちに笑いが溢れてくるような不思議な会見でもありました。

あの会見は、ユーチューブでも世界中で数十万回も再生されています。たぶん世界中の人が、日本の地方議員のレベルの低さを知ったはずです。

ちなみに当時、東京都議会でのセクハラヤジや海外視察に友人の女性を代理として行かせていた愛知県議など地方議員をめぐって問題が相次いでいました。

記者会見で、野々村県議が疑惑を持たれていたのは政務活動費の不正使用です。

野々村県議が兵庫県議会議長に提出していた収支報告書（２０１３年度分）によりますと、政務活動費の支給項目である「要請陳情等活動費」として３０１万５１６０円が計上され、そのすべてが電車に乗った交通費として処理されていました。

行き先は、城崎温泉がある兵庫県豊岡市が１０６回、「佐用の朝霧」で有名な兵庫県佐用郡佐用町が62回、福岡市が16回、東京都が11回となっていました。

この4か所を合計で１９５回も訪問し、往復の切符代の合計が約３００万円とされていたのです。しかも、すべて日帰りのカラ出張で、訪問日はすべて議会登庁日以外の日となっていました。

ほかにも「切手代」として、金券を不正に購入していました。

政務活動費の収支報告書では、領収書の取得が困難だったり、領収書では支出内容の証明ができなかったりした場合、会派の代表者または議員本人が「支払証明書」を作成し、収支報告書に添付できることになっています。

野々村県議は、この支払証明書のカラクリを利用して議会事務局に政務活動費の支給を申請していたのです。うまく抜け道を通っていましたが、その頻度があまりにも多過ぎたということです。

この支払証明書は、地方議員のカラ出張や不正経費請求の温床になっているところがあります。

02年、地方自治法の改正により、政務活動費の使途として調査研究のほかに「その他の活動」が加えられました。「その他の活動」には、意見交換会や要請陳情活動が含まれるとされています。野々村議員は、政務活動費を私物化するための「その他の活動」をうまく活用していたのです。

当時、兵庫県議会では月額50万円の政務活動費が議員に支払われていました。年間で、合計すると600万円にもなります。

ちなみに野々村県議には、議員報酬と期末手当で年間1348万円が支払われていました。

それなのに野々村県議は、なぜ政務活動費の不正な使用に手を染めてしまったのでしょうか？

地方議会には、ふつう「会派」というものが存在しています。いわゆる派閥やグループのことで、その区分けはだいたい政党ごとに分かれています。

もともと政務活動費は会派に対して支給されていました。それが、後に野々村議員のような、無所属で、一人しかいない会派にも支給されるようになったのです。

野々村県議は無所属で、これといった会派にも所属していませんでした。ですから、政務活動費の収支をチェックする者もいませんでした。

そのため、「バレるはずがない」「バレなければいい」と安易に不正使用に手を染めていったのではないでしょうか。

八王子市議だった私の経験から言っても、政務活動費を支給される手続きで、どんな領収書であろうとも議会事務局から「これはちょっと」と言われたことはありません。議会事務局は、議員から提出された領収書をほとんど事務的に処理するところなのです。たとえ「ソープランド八王子」という領収書があったとしても、たぶんスルーしてしまうはずです。だれもきちんと調べなかったら、それで終わりなのです。


現職の地方議員は、日ごろから次の選挙のことが頭から離れず、その選挙資金について頭を悩ませています。そして、もっとも怖れるのが落選することです。

猿は木から落ちても猿だが、代議士は選挙に落ちればただの人だ——。

典型的な党人政治家でもあった昭和の大物政治家、大野伴睦翁の格言です。

代議士ではありませんが、そのことをだれよりもわかっているのが現職の地方議員なのです。

地方議員が選挙で落選すると、それまでの地位を失い、お金がまったく入ってこないという現実に晒されます。

さらに落選した翌年には、前年度の収入に対して都道府県民税や市町村民税などが課せられてきます。そのため収支がマイナスになり、借金をして窮状を乗り切ったという落選議員も少なくありません。

私が行った国会議員へのインタビューでも、最初のときの浪人よりも、2期3期務めた後の浪人は本当に堪えた、という話をよく聞きます。

野々村県議も、次の選挙で落選する不安に怯えていたのは間違いありません。

ここで、野々村県議の経歴をおさらいしてみましょう。

野々村県議は大阪府立北野高等学校、関西大学法学部を卒業後、兵庫県川西市の職員に採用されました。

その後、川西市役所を退職し、政治家の道を志しています。退職後は、預貯金を取り崩しながら宅地建物取引主任者として生計を立てていました。

兵庫県議会選挙（11年）で当選するまで、兵庫県太子町長選、西宮市長選（2回）、兵庫県議会選（補選）で4回も落選しています。

ですから、やっとつかんだ夢と希望を手放したくなかったのかもしれません。

地方議会は、議員同士の足の引っ張り合いです。

おたがい狭い地域で選挙戦を戦い抜いてきていますから、同じ党の議員であっても４年に一度の選挙戦ではライバルになります。議会の採決では同じ意見でも、ちょっとしたことで人間関係がこじれて折り合いが悪くなることもあります。

そうしたなかで、野々村県議は無所属でしたから周囲からの風当たりも強かったはずです。極端な性格のようですから、議会では孤立していたのかもしれません。

兵庫県警は市民団体などからの刑事告発を受け、野々村県議に対して詐欺、虚偽有印公文書作成・同行使の疑いで任意の事情聴取を行っています。

その事情聴取で、野々村県議はこう述べています。

「私の手元にあった政務活動費を返したくないという気持ちを抑えることができませんでした」

こうも供述しています。

「政務活動費の大半を議員活動に使っていません」

潔いかどうかは別にして、大筋で容疑を認めたのです。

野々村県議は、初当選した11年度に４８４万円、12、13年度に各６００万円と、毎年のように政務活動費を支給され、その全額を使い切っていました。

そして年を追うごとに不透明な支出が増えていき、それを食料品や商品券の購入、国民年金の支払いなどに充てていたといいます。

今年（15年）１月19日、兵庫県警は野々村県議を詐欺、虚偽有印公文書作成・同行使の容疑で書類送検しています。

すでに野々村県議が議員辞職し、11年度以降に受け取っていた政務活動費１８３４万円を全額返済していたため、逮捕を見送ったのです。

ちなみに兵庫県議会は、野々村県議の不正が明るみに出たあと政務活動費の10％減額を決めています。

ここで、野々村県議の釈明会見での「役割」について考えてみたいと思います。

それは、なぜ不正をしてまで政務活動費を受け取りたかったのかという理由を赤裸々に語ることではないでしょうか。

政務活動費について、自分の考え方をきちんと語り、その使い方が明確に法整備されていない曖昧さ、無所属の地方議員の不安や焦りを泣いて訴えるほうが、よほどマシだったと思います。

たとえば、次のような政務活動費の本音と建前を揶揄するような「挑発的言い訳」をして欲しかったです。

言い訳その①

「政治活動では、冠婚葬祭や文書費、通信費にたくさんのお金がかかります。しかし、こうしたものは公費負担となりませんから政務活動費の領収書を水増ししてしまいました」

言い訳その②

「次の統一地方選挙（15年4月）で、無所属で立候補して再選するためにはお金がかかります。ですから、その足しになるのではないかと思って政務活動費をごまかして、選挙の準備資金として貯めてしまいました。これからも同様の悩みを持つ無所属議員のためにも、選挙制度のこの部分を見直してください」

言い訳その③

「会派にも入っていませんでしたし、一人で視察に出かけるには限界がありました。しかし、現行の選挙制度では視察や文書通信などの大義がないと政務活動費は支払ってもらえません。それでは会派に所属している議員と不平等になってしまうと思い、つい嘘をついてしまいました。

これまで政務活動費の制度は、どこかおかしいと思っていました。今回のことをきっかけに、ぜひ政務活動費の制度の見直しをお願いします。そうしないと、私のような無所属議員や少数政党が生き残っていけません。地方議会には、やはり無所属議員や少数政党が活動する場も必要なのです」

言い訳その④

「政務調査費から政務活動費へと呼び方は変わりましたが、地方議員が政務調査の活動など十分にできないのが現実です。そんな調査よりも、まず自分が地方議員であり続けることのほうが先決なのです。議員側の『できれば政務活動費を生活費にしたい』という気持ちも痛いほどわかります」

こういった釈明会見だったとしたなら、地方議会が少しは変わっていくきっかけになったかもしれません。

地方議員には、これから先の保証などまったくありません。ですから、再選できずに落選した場合のリスクヘッジも大事なのです。そこで、なんでも支給されるものは手に入れたい、自分のために活かしたいと考えるのは地方議員の「本音」ではないでしょうか。

だからこそ、野々村県議には釈明会見で「自分の将来が不安で、リスクヘッジとして政務活動費をネコババしました」と「本音」を告白し、号泣しながら問題提起してほしかったのです。

しかし、野々村県議から出てきたのは保身の発言のみで、尻をまくるような発言がなかったことを残念に思っています。

今回の件で、政務活動費の使い方がより明瞭になり、それを使って住民のための政務活動ができるようになればいいと願わずにはいられません。

そもそも野々村県議は公務員出身で頭も悪くなく、公職選挙で4回落選という苦労人でした。パッと見もそこそこで、高齢者が多い地方議会では若くて働き盛りの年齢でした。それで立派な政策を唱えていたら、投票しない理由が見つかりません。

今回の釈明会見で見せつけられた感情の不安定さ、激高する性格などは、深くつきあってみないとわかりません。

みなさんも、次の地方選挙では第二、第三の野々村議員もどきにダマされないように、顔を合わせて話をするなど候補者の人物を判断することも大事です。

もちろん、対立候補が流しているネガティブ情報やガセネタなどに左右されてはいけません。


たしかに、野々村県議にも評価できる「功績」はありました。

野々村県議の政務活動費の不適切な支出が明らかになって以降、朝日新聞の調査によると、少なくとも31の地方議会で計約9４００万円（14年11月末時点）の政務活動費が議員から返還されていたことがわかったのです。

野々村元県議自身も、不適切に使っていた政務活動費1834万円を県に返還しています。野々村県議の号泣釈明会見をきっかけに日本全国で1億円近くのお金が各地方自治体に返還されたわけですから、やはり野々村県議の「功績」と言わざるをえません。

これこそ、候補者がよく選挙活動で唱えている「議会を変える！」ということなのではないでしょうか。

野々村県議は、やはりアッパレの極みです。

そもそも地方議員は、これまで政務活動費を生活費の一部くらいに思っていたところがあります。

ただ、いくら税金とはいっても、上場企業の経理のようにそれを使ってどこに出かけ、だれと会って食事をしたかなどというのを公開するのは正直、地方議員はしんどいと思いますが、これも地方議員の身から出たサビです。これからは「政務活動費」も特定のオンブズマンだけが地方議員の領収書のチェックをするだけではなく、地方議員が義務としてネットで公開するというのが当たり前になっていくかもしれません。

地方議員にしてみると、国会議員に支給される領収書の要らない月100万円の「文書交通費」などは垂涎《すいぜん》の的ではないでしょうか。

でもその権利も時間の問題で、今後は国会議員の文書交通費にも領収書の添付やネットでの公開が義務づけられるでしょう。

あまりに幼稚な中学生へのＬＩＮＥ脅迫

昨年、次々と発覚するあきれた地方議員に、また新たなメンバーが加わりました。30代の大阪府議会議員が女子中学生と「不適切な交流」をした挙げ句、なんと「恫喝」までしていたというのです。

その人物の素性を調べてみると、続々と「余罪」が明らかになっています。14年8月14日、大阪府庁で報道記者を前に釈明会見に臨んだのは山本景大阪府議（34）でした。

「イジメの実態を把握するためでしたが、保護者の同意を得ることもなく中学生とＬＩＮＥをやっていたことは大いに反省すべきことだと思っています」

山本府議の釈明会見は、野々村県議の会見の直後だったこともあり、世間から大いに注目されました。

テレビのワイドショーでは、それがトップで報じられています。

もともとワイドショーは、芸能人やスポーツ選手などがお茶の間に話題を提供していました。

それが21世紀の初頭ごろから、「小泉旋風」を起こした小泉純一郎総理の内閣人事や自民党人事、言動など政治家までもが主役になり、国会議員が頻繁にテレビ画面に登場するようになりました。

いわゆる「小泉劇場」です。

それから10年以上が経過し、なんと野々村県議を皮切りに地方議員がワイドショーの主役の座を射止めるようになってしまったのです。

ちなみに山本府議は、橋下徹大阪市長が代表を務めていた「大阪維新の会」に所属していました。

山本府議のあきれた行状は、こうです。

13年10月、山本府議は地元の交野《かたの》市の祭りで知り合った女子中学生に自分の名刺を配布し、複数の人がメールなどで交流できるスマートフォンの無料通信アプリ「ＬＩＮＥ」上に20人近い生徒とグループをつくっています。

13年の秋から冬にかけて、下校途中の生徒に声を掛けて自分の事務所に招き入れ、たこ焼きやお菓子などを提供して意見交換を行うようになっていました。

そうした生徒たちによって、山本府議の私設ファンクラブ「山本けいたん応援隊」なども結成されていました。

ところが、ある日、そのグループに入っていた女子生徒に誘われた男子生徒が、山本府議のことをＬＩＮＥ上で「死ね」「キモい」などと書き込みました。

すると山本府議は逆ギレして、その男子生徒を「ただでは済まさない」とグループから退会させたのです。

その後、自分の事務所でグループの『お茶会』を開こうとしましたが、トラブルになった女子生徒から無視され返事がもらえませんでした。

さらに、ＬＩＮＥのグループからも外されてしまったのです。

そこから、グループに加わっていたメンバーへの「恫喝」が始まります。威圧するようなメッセージを次々と送りつけたのです。

交野市教育委員会によると、その内容はこうです。

「おいおい、全員無視？」

「身元を特定している」

「校長に直接連絡することもできる」

「徹底的にやる」

まさに、逆ギレです。

それを見た女子生徒は、恐怖感を覚えて親に打ち明け、その親から相談を受けた学校側が「山本府議による恫喝の事情」を把握することになりました。

〈女子中学生に不適切なメールを送った維新府議〉

14年8月8日、産経新聞が、この「恫喝」の顛末を知って記事にしたのです。

同日午後、山本府議は即座に反論会見を開きました。

「言うべきことを言ったまでのことです」

強気の反論でした。

直後に、橋下大阪市長がこう発言しました。

「（大の大人が）子どもと直接LINEなんかしません。ふつうは父兄でしょう。（山本府議を）厳正に処分します」

すると一転、山本府議は2度目の釈明会見に臨んだのです。

「大人気《おとなげ》なかったと思います」

しかし、所属する大阪維新の会の府議団からの「除団」という厳しい処分が下されています（その後「離団命令」に軽減されました）。

その後、山本府議は、なんと頭を丸刈りにして3度目の釈明会見に臨みました。

会見場に押しかけた記者たちは、山本府議の女子小中高生との不自然な交流について集中的に追及しています。

山本府議は反省の言葉こそ口にしましたが、大阪維新の会からの重すぎる処分、その代表である橋下大阪市長への反論、テレビのワイドショーで自分が「キモい」と言われたことへの不服ばかり述べていました。

実は、山本府議には、このLINE騒動以外にも「不審な行動」と受け取られても仕方がないものが多々見受けられます。

たとえば下校途中の女子生徒に「たこ焼きおごってやる」と声をかけ、自分の事務所に招き入れるなどの行為は、言うまでもなく「ナンパ」です。

12年2月には、下校中の小学生女児とのやり取りをブログにアップしています。

〈小学生A「山本けいって31歳でしょ」
山本府議「そう」
小学生B「すきな女性のタイプは？」
山本「難しいな……かわいい子かな」
小学生B「私ってかわいい？」

山本「……うん」

小学生A、B、C、D、E、F、G「キャー」〉

まさに、ため息ものです。わざわざ幼稚な会話を書き連ねるなんて、およそ政治家とは思えません。

そして、ブログの最後にはこう自慢げに書いています。

〈私は、小中高生、特に小中高生の女の子になぜか人気があります〉

大いなる「勘違い」というものです。

14年6月には、同じブログで、路上に止めていた自分の自転車にまたがる女児の姿を携帯で撮影し、それを嬉々として掲載しています。

〈小学生の女の子が私の自転車に乗っていました。私の自転車に乗ってどうするんでしょう〉

これらのブログは、なぜか騒動が発覚したあとに削除されています。

山本府議は「教育改革に興味があったので、子どもの意見を聞くのは当たり前」という言い分のようですが、あの年代の女子生徒にわざわざ名刺を配ること自体が「異常」ではないかと思われます。

なにか魂胆がないか、ひょっとしてロリコンではないかとマスコミの記者に「嫌疑」を追及されてもしかたがありません。

その点、山本府議はロリコン説を否定しています。

「大人の女性と交際したことがあります。実は、事実婚をしています」

本当なのでしょうか？

山本府議は、ふつうのサラリーマンの家庭に生まれています。

自身のホームページによると、大阪桐蔭高校、和歌山大学経済学部を卒業し、大阪大学大学院経済学研究科を修了しています。１９９９年に学生ベンチャー企業を起業し、無料レンタルのホームページサービスなどを運営していました。

04年、それをライブドアに営業譲渡し、その後、野村證券などを経て11年4月の統一地方選で大阪府議に初当選しています。

自分は人気がある、女性にモテる――。

ふつうの人が地方議員になった途端に、たやすく自分を勘違いしてしまうのはなぜなのでしょうか？

地方議員は、たまに自分を俳優やスターだと勘違いすることがあります。

たとえば演説しているときの聴衆からのかけ声、駅前での「朝立ち」、「夕立ち」のときにサラリーマンから飛んでくる「頑張って」という優しいエール、パソコンを開くと有権者から「あなたを応援しています」との何通ものメール――。

それは政治的、政策的に考えが一致する有権者が「あなたを支持します」とエールを送ってくれていることでもあります。もちろん、頑張っている真摯な姿を目にして思わず声をかけるということもあるでしょう。

私は20年ほど前、八王子市議選に初めて立候補したとき、どう有権者と出会えばいいのかわからずに苦肉の策として駅前に初めて立ちました。あいさつに行く団体や組織へのツテも、まったくありませんでしたから。

当時、駅前に立つ候補者はめずらしく、恥ずかしさと寒さに体が震えたことを今でも思い出します。

ただ、朝立ちを数日もこなしているうちに、恥ずかしさが薄れて開き直れました。

有権者に私の顔を覚えてもらう朝立ちでは、なるべく人目につくように身なりを工夫していました。清潔感も大事で、ハキハキとしたあいさつも欠かせません。

毎朝、同じ時間、同じ場所に立っていると、いわゆる「刷り込み」の効果で多くの人が私のことを覚えてくれるようになります。

一方で、地方選挙では、そうした味方がいると同時に、同じくらい敵がいます。駅前で「よっ、頑張っているね」と優しく声をかけてくれる人もいれば、「邪魔なんだよ、そんなところに立つなよ」といった非難の声も必ずあります。

そのプラスとマイナスのボルテージが、候補者の気持ちや選挙戦を盛り上げていく糧《かて》にもなります。同時に、候補者を徐々に勘違いさせていくことにもなるのです。

候補者の支援者と批判者が舌戦を繰り返し、それが雪だるま式に大きくなっていくこともあります。狭い地域での争いですから敵対関係も明確になり、それが深く刻印されてしまいます。

結局、それは有権者対有権者の戦いなのですが、ここで勘違いをしてしまうのが地方議員です。本人の心の中で、悪魔が「お前は特別な存在だ」とささやいてくるのです。

そうした地方議員の勘違いですが、田中角栄や小泉純一郎など「実力者」になったというのなら有権者にとってはまだ救いがあります。

なぜなら、ひょっとして政治的手腕を発揮して有権者にもメリットをもたらしてくれるかもしれませんから。

ともかく、最悪の勘違いは「人気がある」「モテる」と思い違いするというものです。

それが、多くの候補者が陥りやすい落とし穴ではないでしょうか。

少し若い、意外と整った顔をしている、案外背が高いなど一般企業にいたら目立たないようなことでも、選挙となると支持者が評価してくれることもあります。

それに支持者の「住民の生活を変えてくれるかもしれない」という期待が加わり、地方議員の勘違いに繋がっていくのです。

その落とし穴に、みずからハマったのが山本府議だったのではないでしょうか。

山本府議と野々村県議を比べてみると、記者会見での姿勢も、その後の身の振り方も大きく異なっています。

釈明会見で、山本府議は野々村県議のように感情を露わにすることもなく、落ち着いていました。わざわざ弁護士を同席させ、自分の謝罪というよりも、むしろ自分を中傷したメディアに対する批判が大半を占めていました。

その後も、自分が「大阪維新の会」を除名されたことを批判し、ホームページも閉鎖することなくブログを更新し続けていました。そこで自分のやるべきこと、抱負などを熱く語っているのです。

さらに14年8月下旬、有料のトークライブを開催し、雑誌のグラビアにも積極的に登場しています。

悪名は無名に勝る――。

そんなふてぶてしい姿勢にも映ってしまいます。野々村県議が辞職後、人前に顔を見せないのとは真逆の態度なのです。

地方議員は、どんな理想を抱いていたとしても有権者に自分の名前を認知してもらい、ちゃんと投票してもらう必要があります。

当たり前のことですが、選挙に勝たないと議員にはなれません。

投票した有権者も、落選した議員・候補者から負け犬の遠吠えを聞かされるより、当選した議員の尽力によって住民のためになる政策を実現してもらったほうがいいに決まっています。

なかには自分の名前を売り込んでいるうちに、大いなる勘違いの落とし穴にハマってしまう地方議員もいます。

議員の名前が思い出せないから「先生」と呼んでいるだけなのに、なにを話していいかわからないから「頑張ってください」と言っているだけなのに、議員のほうは「人気がある」「モテる」と思い違いをしてしまうのです。

いつも使っているキャッチフレーズや議員の名前そのものに特徴があって、地域の集会などで参加者に取り囲まれることがあります。ですが、それはキャッチフレーズや名前を聞いたことがある議員が目の前にいたから興味本位に集まってきただけのことと、謙虚に思わなくてはいけません。

要するに「人寄せパンダ」みたいなものですが、議員本人は「人気がある」「モテる」と思い込んでしまうのです。

地方議員は、むろん有権者の声に耳を傾ける必要があります。

それを逆手に取って、議員に近づいてくる有権者も少なくありません。日ごろ自分の周りに話を聞いてくれる者がいないので、議員を話し相手として利用しようとするのです。それが度重なると、議員は「人気がある」「モテる」と勘違いしてしまいます。

こうした思い違い、思い込み、勘違いが地方議員を偉大なナルシストに変貌させていくのです。

次の選挙では、こうした自分は「人気がある」「モテる」と自分を大いに履き違えている自己陶酔型のナルシスト候補者には気をつけていただきたいと思います。

各候補者の耳障りのいい公約が並んでいる選挙公報を見ても、候補者それぞれの本性なんてわかりません。選挙公報に載っている印象で投票してしまうと、あとで落胆させられることが少なくないはずです。

では、ナルシスト候補者にダマされないためには、どうすればいいでしょうか？

その見分け方の一つは、候補者のブログや印刷物にナルシスト的な発言やコメントが多くアップ、掲載されているか、いないかということです。

ナルシスト的な言動が多い候補者は、対立候補に勝つことだけが関心事で、住民、地域のための活動が鈍くなりがちです。

それが度を越えている候補者は、むろん要注意です。

海外視察報告書を盗作する性根でセクハラヤジ

セクシャルハラスメント――。

アメリカでは、1960年代から1970年代にかけて女性解放を目指すフェミニズム運動が盛んになりました。セクシャルハラスメントは、1970年代初めにアメリカの女性雑誌『Ms』の編集者が生み出した造語とされています。

セクシャルハラスメントを日本語に直訳すると「性的嫌がらせ」となり、日本では通称セクハラと呼ばれています。

1989年、福岡県の出版社に勤務していた女性が男性上司を相手取り、セクハラを理由とした日本初の民事裁判を起こしています。職場を舞台にした上司と部下、それも男女間で起きた事件だったこともあり、世間の関心を集めました。

それまで日本の職場でセクハラと意識されず、何気なく行われてきた女性に対する行為や発言がセクハラになるのか、ならないのかといった身近な問題が話題となり、テレビや雑誌でもこぞって取り上げられています。

その後、セクハラという言葉が盛んに使われるようになりました。

同年、「セクシャルハラスメント」が「新語・流行語大賞」の新語部門で金賞を受賞しています。

日本の女性が参政権（選挙権・被選挙権）を与えられたのは、１９４５年のことです。それまで議会は、男性だけのものでした。

現在でも、日本の女性国会議員の割合は10％にも達していません。女性地方議員の割合は11％強（09年8月現在）で、日本の議会はまだまだ男性社会なのです。

昨年、議会は相変わらず男性社会であるという現状を露呈するような騒動が東京都議会でありました。

14年6月18日、「みんなの党ＴＯＫＹＯ」の塩村文夏《あやか》都議は、東京都議会本会議で晩婚化の支援策について質問していました。その日、16人の質問者のうち15番目で、本人にとって初めて臨む都議会での一般質問でした。

その最中、男性の声でヤジが飛んできました。

「自分が早く結婚したらいいじゃないか」

「(子どもを) 産めないのか」

議場では、そのヤジに同調する声や笑いが起きています。

塩村都議は報道陣に対して、こう述べています。

「一般質問では、女性の気持ちを代弁していただけに腹が立つし、悲しいです」

この問題は海外でも取り上げられ、「ウォール・ストリート・ジャーナル」や「ロイター通信」、「CNN」などが発言者を「性差別主義者」として報道しています。

19日、各会派の女性議員25人全員が吉野利明議長に「議会の品位をおとしめるヤジは無いよう注意して欲しい」と申し入れました。

塩村都議は20日、心無いヤジの発言者の特定と処分を求める要求書を吉野議長に提出しました。しかし、吉野議長は、それを「被処分者の氏名が把握されていない」として受理しませんでした。

複数の会派から「ヤジは自民党議員席から聞こえた」という証言があり、「みんなの党TOKYO」の幹部が自民党東京議連に抗議をしています。

しかし、同議連の幹部は「ヤジを飛ばした発言者が確認できていない」として取り合わず、同議連としても当初、その発言者の特定のために動こうとはしませんでした。

このヤジをめぐって東京都議会には抗議が殺到し、海外メディアでも取り上げられるなど次第に世間の注目を浴びるようになりました。

ワイドショーも、こぞって取り上げるようになったのです。自民党幹部からも、「ヤジの発言者は自ら名乗り出るように」という声が出始めました。

そのヤジの発言者と疑われたのが、自民党東京都議連の政調会長代行だった鈴木章浩都議でした。

鈴木都議は、23日の朝まで報道陣に対してヤジへの関与を否定していました。

「私は、ヤジの発言者ではありません。寝耳に水で、ビックリしています」

ヤジの内容については、こう続けました。

「品のないヤジは良くありません。同じことが起きないようにしないといけません。女性の心を傷つけたことは、重く受け取るべきです」

ヤジの発言者を、しっかり批判したのです。

同日、自民党東京都議連は、この件で議員総会を開いています。その後の記者会見で、吉原修幹事長がヤジの発言者が鈴木都議であったことを明らかにしました。

それまでヤジの発言者であることを強く否定していた鈴木都議ですが、吉原幹事長の発表を受けて、手のひらを返すように「早く結婚したほうがいいんじゃないか」とセクハラ発言したことを認めています。

平気で嘘をつけるのが、あきれた、ふざけた地方議員の欠かせない「才能」でもあるのです。

23日午後2時30分、鈴木都議は塩村都議のもとへ赴いて直接面会し、報道陣がいる前でこう謝罪しました。

「私の発言で、先生、みなさんにご迷惑をおかけし、お詫び申し上げます。本当にすいませんでした」

謝罪を済ませた鈴木都議は、同日午後3時から記者会見を開きました。

その質疑応答で、記者からヤジへの関与を当初否定していたことを問われ、こう弁明しています。

「さまざまな話が一緒になって報道されていて、話す機会を逸しました」

ヤジの真意については、こう述べました。

「少子化、晩婚化の中で、(塩村議員には)早く結婚をしていただきたいという思いがありました。誹謗するためではありませんでした」

また、これまで取材に対し「辞任に値する発言だ」と述べていたことを記者から指摘されると、こう忘れたふりをしています。

「そのような発言をしたかどうか記憶がありません」

この記者会見で、みずからの議員辞職については否定しました。

「しっかりと反省し、原点に、初心に立ち返ってがんばりたいと思っています。お許しいただけるのであれば、都議会議員として、がんばらせていただきたいと」

ちなみに鈴木都議は、みずから会派の離脱を申し出ています。都議会自民党は、それを認めました。ただ、同じ日に、鈴木都議は「都議会再生」という新会派の立ち上げを届け出ています。

鈴木都議は、これまでにもあきれた行状を繰り返してきた地方議員のなかでも抜きん出た「強者」です。

05年、まだ鈴木都議が大田区議会議員だったころのことでした。

なんと鈴木議員が議会に提出していた海外視察報告書について、早稲田大学名誉教授の講演要旨を丸写ししていたことが発覚したのです。その講演要旨は、千葉県のホームページに掲載されていました。

その海外視察は、行政視察のため公費という名の税金でヨーロッパ各地を歴訪するものでした。

当時、大田区議会では日本共産党大田区議会議員団が「盗用の疑いが濃厚」と指摘し、議長に対して事実解明を要請する申立書を提出するという事態に発展しています。

この件で、日本テレビは名誉教授の講演要旨と海外視察報告書の内容を比較し、こう報じています。

「両者を並べ、表現が一致する部分に色をつけてみると、文章の大半が同じでした」

鈴木議員は「軽率だった」と釈明し、丸写しだったことを認めています。ただ、その後の行状が得意の「開き直り」という手法を駆使したものでした。

なにかと騒動を起こすたびに、とにかく開き直るのが好きな人物なのかもしれません。

実際、この件が発覚した当初は「なにか私が世間に迷惑をかけましたか」と開き直っていたといいます。

マスコミの取材には、いろいろ屁理屈を並べて「持論」を展開しています。

「この文章は、インターネットで調べて引用しました。『一字一句同じでしょう』と指摘されれば、確かに引用しているのは引用しているのですから。

似ている部分はありますが、視察報告書の目的としては、視察を通して区政にどういうふうに生かせるのかという話をきちっと書いています」

よほど「丸写し」が好きなのか、その翌年にも「丸写し」をめぐって騒動を引き起こしています。

06年10月、大田区議会議員としてのアメリカのマサチューセッツ州などを親善訪問、行政視察のため公費で歴訪しています。

しかし、帰国後に提出していた海外視察の報告書に「丸写し」があることが発覚したのです。

それは、自分の感想を書いた3行を除いて、なんと残りの95行がウィキペディアの「ボストン美術館」の項目からの丸写しだったのです。

この騒動は、全国紙でも大きく報道されました。そして、多くの地方議会で一般的になっていた海外視察が見直されるきっかけともなっています。

セクハラヤジを飛ばし、海外視察の報告書を丸写しするような候補者を当選させないようにするためには、どんな方策が考えられるでしょうか？

私は、ヤジを「議場の花」として大いに歓迎しています。議場で、居眠りばかりしていてはヤジなんて飛ばせません。そもそもヤジというのは相手の話をじっくりと聞き、その内容や周辺の事情を把握していないと飛ばせないところがあるからです。

しかし、今の、男性議員が圧倒的に多い地方議会の議場では、「なにを勘違いして男性社会に紛れ込んできたのか」といった性差別の意識が抜けない旧態依然とした男性議員がセクハラヤジを連呼するのかもしれません。

都道府県議会選挙は、非常に閉鎖的です。

国政選挙は、日本列島がお祭りのようになりますので、有権者の選挙意識も高まります。市町村議会選挙は、おらが地域の知り合いがたくさん立候補するので身近ということもあり、こちらも有権者の選挙意識が高まります。

その点、最も印象が薄いのは都道府県議会選挙です。

たとえば都議選は、選挙が実施されていることさえ知らない都民が少なくありません。当然、投票率も低くなります。

浮動票も、あまり期待できません。組織票が物を言い、固い組織がある公明党や共産党は確実に議席を獲得していきます。

候補者としては、有権者の前にまず組織というものが大切です。組織、つまり党で公認を得ることが第一の見えない選挙戦。それに勝てれば、本番の選挙に勝ったも同然となります。

組織、党の中での信頼を勝ち取ることは、風などの選挙戦で勝つときよりも実にシビアです。

党や組織で信頼を勝ち取るのは、そう簡単なことではありません。候補者の人となりは、取り繕ってごまかせるものではありません。

ただ、運良く党公認を勝ち取ることができると、当選する確率は高くなっていきます。本番の選挙で当選を重ねていくと、その信頼はさらに固まっていきます。

そして当選を重ねることで、候補者と組織との関係が逆転して行きます。

極端な話、組織、党公認のお墨付きをもらってしまえば、その組織以外には頭を下げる必要がなくなるということです。

候補者にとっては「万全の体制」を築き上げることができたということでしょうが、その心の緩みが報告書の「丸写し」やセクハラヤジなどに繋がっていくのです。まさに、緊張感の欠如を感じさせます。

鈴木都議のセクハラ発言は、組織選挙に頼った地方議員の心の緩みを露呈させたケースでした。

これまで支持政党は自民党一筋、民主党一筋、公明党一筋、共産党一筋という人も少なくないはずです。ただ、こうしたあきれた、ふざけた議員を次の地方選挙で再選させないためには、候補者を支持している組織の旧態依然とした体質を今一度、しっかりと見直してみることも大事ではないでしょうか。

たとえば自民党は現在、国政では「一強」といわれるほど安定多数を誇っています。しかし、09年の総選挙では大惨敗して民主党に政権を奪われています。

この大惨敗のあと、自民党の全国会議員は本当に打ちひしがれていました。「次も落ちたら、公認が取れない」。公認を貰えないということは、現選挙態勢だと、政党助成金も入らないうえに支持基盤をなくすという、ダブルパンチになります。しかしその緊張感が再び多くの自民党員にバッジを付けさせました。

党や候補者の慢心、傍若無人な言動には、いつか有権者の鉄鎚が下るということです。同じことが、地方選挙でも起こらないとはかぎりません。

ですから、地方議員も常に緊張感を持って支持母体と安易に「仲良しクラブ」にならないことです。たまには異議を挟んだり、言動をたしなめたり、旧態依然とした体質の改善を求めたりすることも必要で、それが支持母体の緊張感にも繋がっていくはずです。

有権者も支持政党が選んだ候補者に「ちょっと違う」と違和感を覚えたら、それを口に出してみることです。それが、地方議員にも緊張感を持たせると思います。

政治家一族の坊ちゃん議員が危険ドラッグ持参でラブホ通い

ヒマな地方議員は昼間からラブホテルにしけ込んでいる――。

こうした噂は、真実味があるのでしょうか？

どうも本当のようです。

14年6月26日、横浜市鶴見区にあるホテルから神奈川県警に110番通報がありました。

「薬をやった彼氏が暴れている」

30代の女性からの通報だったといいます。

神奈川県警の警察官が急いでホテルに駆けつけると、そこに40代の男性がいました。その男性は、警察官に「危険ドラッグを持っている」と白状したそうです（当時は脱法ドラッグと呼ばれていました）。

警察官があきれたのは、その男性が現職の神奈川県議だったことです。

この日、警察官に事情を聞かれた横山幸一県議（41）は、自分名義で借りていた横浜市内のマンションから危険ドラッグの粉末をホテルに持ち込んでいました。マンションの家宅捜索の結果、弾丸型のプラスチックケース2本に入った危険ドラッグの粉末が出てきたといいます。

神奈川県警は7月16日、横山容疑者を薬事法違反容疑で逮捕しました。

地元関係者によると、横山県議には妻子がいたといいますから、一緒にホテルにいた女性とは不倫関係だったことになります。

違法薬物を持って愛人とラブホテル三昧——。

これでも県議なのかと耳を疑いますが、横山県議とは、いったいどんな人物だったのでしょうか？

本人のホームページ（現在は閉鎖）などによると、慶応高校から慶応大学に進学し、そこを中退しています。地元関係者によると、その後、桐蔭横浜大学に進んだようですが、なぜかそこも途中で辞めたといいます。

趣味はバイクで、これもホームページによれば「鈴鹿8時間耐久ロードレースに出場し、完走した経験」があるそうです。ほかに保育園の園長を務めたこともあるとか。

「横山家」は、鶴見区で600年ぐらい続く名家で、地元で知らない人はいないといいます。代々続く政治家一族で、横山県議の祖父はスーパー銭湯や不動産会社などを経営するかたわら、県議を8期32年も務めていました。県議会議長も経験し、胸像まで立てられたそうです。

横山県議は07年、その祖父の地盤を引き継いで県議選でトップ当選しています。11年には再選を果たしました。

横山県議は、全く政治の経験がないまま、突然、祖父の威光を借りて地方政界へ乗り込んだ典型的なお坊ちゃん議員だったのです。ちなみに保育園の園長になったのも、ファミリー絡みという話です。

腰が低くて人当たりはよかったそうですが、3年ほど前から議会を休みがちになったといいます。逮捕されるころは地元の行事に顔を出すことも少なく、よれよれのスーツを着ていたそうです。その肩はフケだらけだったといいます。

ミイラ取りがミイラに――。

横山県議は12年、議会の厚生常任委員長として、国に対して脱法ハーブの法規制を呼びかける意見書を取りまとめています。当時、熱心に取り組んでいたといいます。

唖然として、開いた口がふさがりません。

40年以上も前にも、似たような坊ちゃん市議が失踪騒動を起こしています。

1973年、民社党の角田晃横浜市議がギャンブル狂いで、借金していた暴力団から雲隠れしてしまったのです。

なんと借金額が3億円で、角田市議は〝失踪中〟も競艇に夢中だったといいますからあきれて物が言えません。

その静養先が、温泉旅館でした。

当時46歳で、3人の子どもの父親でもありました。大地主の息子で、市議2期目でした。民社党市議団にかかってきた暴力団からの電話で多額の借金が発覚し、市議会に「静養のため」と言って蒸発していたのです。

戻ってきたときのコメントが、わけのわからないものでした。

「借金は、親兄弟がなんとかしてくれるはず。昔の議員は、赤坂あたりでの待合政治でした。でも、そんなのは古い。今は競馬ですよ」

角田横浜市議は、古い体質の政治を批判したつもりだったのかもしれません。

むろん、後援会にも愛想を尽かされています。

議員控室でも競馬中継を熱心に見ていたといいますから、なんともお粗末な「革新」系の市議だったということです。

ふつう地方議員は、年4回の定例議会、予算委員会、決算委員会、常任委員会、特別委員会への出席が欠かせません。その他にも、議会運営委員会や理事会、所属会派の会合などがあります。

それでも、国会議員に比べると格段に少ないというのが現実です。

地方議員は、当選することが先決です。当選後の仕事の量や質はそれぞれでしょうが、出席が欠かせない会議に顔を出し、それなりの役割を務めていると咎められることもないはずです。そして、その評価は必ず次の選挙で下されます。

もともと会社を経営していた人も多く、我が強くて個人プレーに走ってしまう地方議員も少なくありません。しかも、国会議員に比べて議会での拘束時間が少なく、気まぐれな行動が増えていくこともあります。

人知れずコーヒーでも飲んで暇をつぶしたくても、地域では「有名人」ですから直ぐに面が割れてしまいます。それを避けるために、わざわざ面が割れにくい近隣の市町村までコーヒーを飲みに出かける地方議員も少なくありません。

ラブホテルでのセックスライフも、それと一緒だと思います。

横山議員の場合、むしろラブホテルでの閉鎖された空間が「危険ドラッグ」の常習を高めてしまったパターンではないでしょうか。

次の地方選では、みなさんが横山県議のような危険ドラッグ常習者に投票しないことを願います。

ただ、それを見分けるのはなかなか難しいかもしれません。でも、苦労して勝ち取った議員バッジを失いたくないと思っている候補者なら、危険ドラッグに手を染めることはないはずです。

その点、耳に心地よい「地元の名士」、「ＩＴ企業経営者」などといったキャッチコピーに惑わされないことが大事ではないでしょうか。

「本当にやりたいことがある」というのも見極めの一つですが、苦労せずにバッジを付けた、いわゆる、若い、地元の名士、政党のブランドに惑わされないことです。

定数20人の市議会で15人が逮捕された「津軽選挙」

政治とカネ——。

まさに、政治とお金は表裏一体です。

14年7月、青森県警は青森県平川市の市長選をめぐり票を取りまとめる報酬として現金数十万円を受け取っていた公職選挙法違反（被買収）の容疑で現職の平川市議6人を逮捕しています。

この件で、すでに別の市議9人が逮捕されていました。

そのため有罪が確定した市議8人の辞職、失職が相次ぎ、この8人の補欠選挙が実施されています。その補欠選挙の予算として、平川市は約２８００万円を計上しています。まさに、税金のムダ遣いの極みです。

ともかく、平川市議会では定数20の4分の3に当たる15人が逮捕されるという異例の事態となったのです。そのため、平川市議会は本会議の開催に必要な議員10人を集められなくなりました。

この件では、お金の受け渡しがリンゴ畑だったという逮捕者もいます。

「大都会の東京なんかに住んでいると、田舎の俺たちの生活なんてわかるわけがない」

東北地方の厳しい冬、過疎が進む地域の公共工事に頼らざるを得ない生活を思うと、そんな声が住民の間から聞こえてきそうです。

選挙で、票を取りまとめてもらうために現金を渡すことを「津軽選挙」と呼ぶことがあります。

小規模ですが件数そのものが多く、自治体の運営に大変な混乱や支障をきたしてしまうこともあります。今回の平川市議の大量逮捕が、その典型的なケースです。

手口は、贈収賄や買収などは当たり前として、地縁や血縁に関係なく現金を配る、有権者に配布するビラに現金を忍ばせる――といったものです。

青森県津軽地方では、選挙のたびに陰で常習的に行われているとも言われています。まさに、現金を配るのが当たり前のような選挙が相変わらず展開されているのです。

かつて青森県出身のマルチタレント、伊奈かっぺいがTBSラジオ『土曜ワイド』で、いわゆる「津軽選挙」について語ったことがあります。

それによると、お婆ちゃんが孫に「自転車を買って」とねだられ、「もうすぐ選挙があるから、ちょっと待て。選挙が終わったら買ってあげる」と答えたそうです。むろん、孫は選挙後に自転車を買ってもらっています。

「津軽選挙」の一端に触れたエピソードです。

このように「津軽選挙」という言い方は、残念ながら「カネで票を買う体質がある」という悪い意味で使われています。

むろん「津軽選挙」に慣れ切った有権者のほうも、候補者が票を入れてほしいのなら現金を持ってくるのが当たり前といった意識があるのかもしれません。

私が八王子市議に初当選したとき、ある有権者が相談にきました。それは、スピード違反を揉み消してほしいというものでした。

私にそんな力もなく丁重に断りましたが、その有権者は封筒に1万円札を何枚か入れて持参していました。もちろん、それを受け取っていません。

投票に行かない若者、無党派層が増えています。

ただ、「政治家はカネに汚いから投票しない」と冷めた姿勢でいると、これからも地方政治は変わりません。

極端な話、若者や無党派層も、いっそのこと「津軽選挙」のような地方選をエンターテインメントとして楽しんでみたらいかがでしょうか？

まずは割り切って、軽い気持ち、ミーハーな気持ちでいいですから地方選で一票を投じてほしいものです。

若者や無党派層がたくさん投票するようになると、「津軽選挙」のような「候補者による票の買収」も簡単にはやりづらくなるはずです。

そもそもクリーンな政治家というのも、どこか怪しいものです。それは政治家として「なにもしません」と告白しているようなものだと感じます。

支持者のためなら、多少のリスクがあっても働くというのが地方議員の「役割」の一つでもあるはずです。

ただ、そういう地方議員は今、さまざまな公職選挙法の改正によって自由に動くことが難しくなってきています。

それでもクリーンで、任期の4年間なにもしなかった議員よりもマシだと思っている有権者は、ちょっと危ない橋を渡る思いで「津軽選挙」のような体質を持った候補者に投票してもいいかもしれません。

30年以上も前、石川県野々市町（現野々市市）で、町長選をめぐって町議18人のうち17人が逮捕されるという騒動がありました。

いったい、この町はどうなるか――。

当時、町の将来を心配する声も多かったといいます。

でも、安心してください。

野々市町は11年、隣接する金沢市のベッドタウンとして人口5万人をクリアして市に昇格しているのです。

ちなみに「東洋経済オンライン」の「住みよさランキング」では12年、全国2位になっています。14年のランキングでも全国3位でした。

商業施設が充実し、大学があることもあって若者が数多く住み着き、住民の平均年齢が若くなったことが高い評価に繋がったそうです。

30年以上も前に地域の将来を憂慮していた住民の心配をよそに、野々市市は発展に次ぐ発展をとげているのです。

地方議員列伝　こんな議員もいた！

⚠テロリストから保守王国の議長に

「県会議長に元血盟団員（団琢磨暗殺事件）を選んだ政治感覚」――。『アサヒ芸能』（1973年11月1日付）のタイトルです。

記事では、茨城県議会の議長に選出された自民党県連政調会長の小幡五朗が、実は1932年に起きた「血盟団事件」で、三井財閥の大番頭、団琢磨を暗殺した菱沼五郎であると報じられています。

同年3月5日午前10時ごろ、日本橋の三井合名前で、クライスラーから降り立った三井財閥の巨塔、団琢磨を、いきなりブローニング短銃によって射殺したのが、21歳の菱沼五郎でした。

菱沼は発砲後、その場から逃げずに駆けつけた警察官に向かって「おいでおいで」の仕草をしていたといいます。逮捕後の取り調べで、右翼の井上日召が主宰する血盟団に所属していたことが判明しています。

この事件は、2か月後の五・一五事件に繋がっていきます。

裁判で無期懲役を言い渡された菱沼は、いわゆる「天長節恩赦」（1940年）で出所し、その後、故郷の茨城県で漁業関係の仕事に就いています。

1943年、地元で「大洗の金持ちオバサン」として有名だった小幡むめと養子縁組し、過去の名前と決別しました。さらに小幡漁業の基盤を築き上げ、大洗漁業界の重鎮に伸し上がっていきました。

48歳のとき県議会選挙（1959年）に出馬し、当選しました。地元でも腰が低く質素な生活ぶりが評価され、与党党議員から「清廉潔白、高潔な議員」との評判だったといいます。

連続4期当選の末に議長にのぼりつめ、血盟団事件をこう振り返っています。

「当時は国家のため、という気持ちに駆られたわけだが、いまではよいことをしたとも悪いことをしたとも思っていない」

県議8期目の途中、肝不全で亡くなっています。在任中、東海再処理施設の誘致にも深くかかわっていました。

同誌の誌面には、小幡の逮捕時と議長就任時の二つの顔写真が載っています。前者はカメラに向かってガンをつけた暴走族風で、後者は髪を七三に分け、スーツにネクタイを締めています。

男の顔は履歴書――。

この二つの写真を見比べると、こうも顔が変わるのかと驚くばかりです。

小幡は元殺人者でしたが、県議時代の30年間、地元で愛された幸せな地方議員だったのかもしれません。

⚠自然保護視察の名目で登った山で落書き

「秋田県議団『アルプス落書き』事件の犯人は誰だ」――。

１９７３年、こんなタイトルが『週刊サンケイ』（１９７３年9月21日付）に踊っています。

ヨーロッパ・アルプスのミディ山頂付近で、岩場にマジックインキで書かれた「秋田県議員団」という落書きが見つかったというのです。さらにミディに登るワゴンの壁にも、鋭い刃物かクギのようなもので「秋田県会議員団」という落書きがしてありました。

ちなみにミディは、モンブランやマッターホルンと並んで日本人にも馴染みのある山です。

これらの発見者は、秋田県で山岳部の顧問も務める高校教師でした。この落書きが許せなかったので朝日新聞に投書し、広く知れわたることになりました。

秋田県では、この事件が発覚する6、7年前から県議の「海外視察旅行」が始まっていました。結局、この事件はウヤムヤになっています。

70年代というと、まだ議員のモラル意識も低かったのか、「自然保護視察」という名目で県民の税金を湯水のように使い、しかも海外の自然を傷つけて帰国するというおぞましさ、情けなさだったのです。

先日、秋田県議出身の国会議員にインタビューする機会がありました。この記事を見せて聞いたところ、「知らなかったな……」とのことでした。

この「疑惑」の事件は、とっくに風化しているし、ミディの落書きも消えているかもしれません。

⚠ストリッパーを民情視察

「ストリッパーを民情視察した県議先生」――。

これは、『週刊現代』（1963年7月11日付）のタイトルです。

記事の内容は、農作物の被害を調査中だった岡山県議会（農林委員会）の御一行が、岡山県北部の「湯原温泉」を視察旅行の名目で訪れ、視察そっちのけでドンチャン騒ぎし、なんとストリップ見物にふけっていたというものです。

参加した県議によると、その様子はこうです。

「はじまったのは夕刻で、地元の町村長会その他の接待で余興があったが、これまでもあったことだし、不思議に思わなかった」

「アッという間にヌードが出てきて、アッという間に消えた」

「今回のあやまちを県民にお詫びしたい。（中略）ストリップを見たのではなく、見せられたのだと解釈したい」

こんな視察に税金が使われていたなんて、県民は納得できるはずもありません。田舎の無邪気で牧歌的な話としては、とても済まされないはずです。

かつて八王子市議だった私が行政視察に出かけた長崎県島原市では、役所で関係者の話を聞いたあと、鐘ヶ江管一市長の自宅を訪問しています。

ちなみに鐘ヶ江市長は、雲仙普賢岳の噴火のとき国や県に救援を訴えて奔走し、「ヒゲの市長」と話題になった人物です。鐘ヶ江市長の自宅では我々委員会のメンバー10人にフルーツが出され、市長と災害について話をしたのを覚えています。岡山県議会の視察旅行の問題は、そこにストリッパーが登場したということです。

その接待で踊ったのは、「ヌード界の新星」と銘打たれた19歳の女性でした。

視察旅行に参加した県議は民情視察の本来の意味で、ストリッパーとして生きていくしかない彼女の人生について少しでも脳裏をよぎったでしょうか。

⚠キーセン旅行発覚も全員再選

「官費キーセン旅行がばれた千葉県東金市議の〝見事な〟居直りぶり」――。『週刊サンケイ』（1977年4月7日付）に、こんなタイトルの記事が載っています。

この記事の内容は、保守系無所属の市議5人が「九州への視察」とウソをついて、公費で韓国へキーセン遊びに出かけていたというものです。

ちなみにキーセンは、広辞苑では「朝鮮の官伎。現代の韓国で接客業の女性を指す場合がある」と説明されています。

ことの顚末は、こうです。

市民から共産党市議に「九州視察に出かけたはずの市議5人が、実は韓国に行っていた疑いがあるので調査してほしい」との通報があり、調査を始めたところ確かに市議5人が韓国に出かけていたのです。

しかも、一人当たり3万円の旅費と調査費4万円を公費で使っていました。さらに、市職員2人がそれぞれ6万円の旅費の「概算払い（市費）」を受けて随行していたのです。

要するに、彼らは住民の税金を惜しげもなく使って韓国まで女性を買いに行っていたということです。

この問題は議会で「動議」が出され、議題となるはずでした。しかし、その動議は否決され、全員協議会で市議5人の弁明を聞くというだけで決着がついたといいます。

そこで使った公費は、すべて返還されたといいます。

問題なのは、地方議会でよく見られる圧倒的多数の保守系議員が結束し、ことを荒立てないように問題を収束させた、いかにも地方議会らしい幕の引き方のほうです。

結局、東金市議会の全員協議会で辞職勧告を受けた市議5人は全員、帰国後10日も経たずに辞職しています。それも、次の選挙の告示日の前日でした。

そして辞職した市議のうち4人が、立候補し、再選されたのです。

あきれてモノが言えません。

⚠地方議員「ピンク事件」列伝

英雄色を好む――。

男性の国会議員、地方議員も、ご多分にもれません。

国会議員は女性と関係を持つにしても玄人を相手にすることが多く、さほど騒がれなかったところもあります。

たとえば吉田茂元首相の愛人で新橋芸妓、岸信介元首相の新橋料亭通い、田中角栄元首相の神楽坂芸妓との東京夫婦生活などです。

⚠過去の大物国会議員の女性関係

私は、三木武夫元首相と長きにわたって「良い仲」だった赤坂の料亭「佳境亭」の女将と知り合いでした。

「佳境亭」は「三木サロン」とも呼ばれ、多くの政治家が出入りしていました。そこは、日本の将来が決められてきたところでもあります。

私は女将から、こんな話を聞いたことがあります。

「お店のオープンで、そのころ三木と対立していた角さんが『敵のお店の開店でもめでたいものだ』と言ってご祝儀を持ってきてくれました」

その後、週刊誌で三木との仲を明かしています。

私が初めて佳境亭を訪れたのは、その直後でした。入口には、三木元首相の写真が飾られていました。

そのとき女将が、こんな話をしてくれました。

「三木が外遊に行ったとき、ホテルのベッドで横になっていたそうです。すると部屋にあったバラの花びらが1枚、ひらひらと落ちてきたといいます。三木は、『それを見て君のことを思い出した』と言っていました」

それを句か詩にして、プレゼントしてくれたそうです。

女将は、まるで昨日のことのように頬を染めていました。

佳境亭には、みんなが「出世の階段」と呼んでいた階段がありました。多くの政治家が、それを上がって二階でくつろいでいたといいます。

女将は、こうも明かしました。

「小沢一郎さんだけは、これを登ったことがないのよ」

女将は、14年10月、87歳の人生を全うされました。

今を生きる——。

女将が生前、筆でコースターに「今を生きる」という言葉を書いてくれました。

この言葉が、私が後悔の念にさいなまれているとき、将来の不安が立ち込めて前へ進めなくなっているとき、今という一瞬を「愛しいもの」に変えてくれます。

ときどき鏡台の引き出しに入れてあるコースターを手に取り、一人しげしげとながめています。

⚠自己過信の落とし穴

地方議員も、こと女性関係では国会議員に負けてはいません。

特徴として、大物議員のそれと違い、地方議員は地元の人妻と良い仲になり、問題に発展している例が数多くあります。これも地方議員の特性の面倒見の良さから起こった事件でしょうか。

「人妻から訴えられた革新川崎市社会党市会議員のスキャンダル」——。

これは、『週刊新潮』（1973年3月13日付）のタイトルです。

記事の内容は、革新市政を支える社会党の「やり手」「ホープ」と呼ばれていた市議が、つきあっていた女性から訴訟を起こされことを報じたものでした。

登場するのは官公労出身で、2期目の川田博幸市議（当時44）です。

川田市議は、ゆくゆくは県議や市長も嘱望されていました。しかし、川田市議の地盤だった団地に住む同い年の人妻から訴訟を起こされたのです。

訴状によると知り合ったのは、70年となっています。

女性は、団地の自治会の活動家でした。川田市議の「妻と離婚して結婚する」という言葉を信じて肉体関係を持ったといいます。

その二人の関係が、女性の夫に知られるところとなりました。

川田市議は女性の夫に「今後は絶対に交際しない」と約束したにもかかわらず、その目を盗んで関係を続けていたとされています。

訴状によると、川田市議は女性から50万円を借りるとともに、なかなか離婚しないことを咎められて「血判付きの誓約書」まで書いていました。

取材を受けた女性は、こう語っています。

「金が目的ではない。結婚を約束してくれたからこそ、肉体も与え、毎月十万円平均の小遣いもやり、自分の家庭もあえてメチャクチャにもしたのです。（中略）あの人には議員を辞めてもらい、謝罪してもらいたい。それ以外の条件での和解など考えられないことですわ」

一方、川田市議の言い分はこうでした。

「新城の喫茶店で、たまたま行き会い、バーにも出かけたりした。（中略）で、ダンスするでしょ。ところが、このダンスってえのが、尋常一様なものじゃない。これが人妻のやるものだろうか、というダンスです。（中略）しかも、その帰り道、彼女は突然、ぼくに抱きついてきて、キスをしたり、男のヘンなところを触ったりしてくるんだ。（中略）金の件だって、みんなつくりごと。ぼくのほうこそ、彼女に二十万円、渡しているんです。誓約書だって、あれはみんな脅かされて書かされたんです、書かなければ二人の関係を世間にバラすぞといわれましてね。こういわれると、議員というのはヨワい。結局、ズルズルときてしまったんです」

まさに、性の欲望にまみれた真っ向からの対立です。

女性は川田市議と知り合った当初、占い師に川田市議との仲を占ってもらったといいます。その際、占い師はこうアドバイスしています。

「二人が夫婦になるならば、天下を取るようなことができる」

これを「運命」と感じてしまった女性と、便利な浮気相手くらいにしか見てなかった川田市議との間の「温度差」がもめ事の原因だったのかもしれません。

地元の長老議員は、川田市議についてこう嘆いています。

「彼の行動には、とかく個人的なスタンドプレーが多い。議会で問題にされたこともある。よくいえば己れに対する自信でもあろうが、実体は自己過信。そういうことが知らず知らずのうちに、今回の事件を招いたんだ」

まさに、地方議員の自己過信の中にあった落とし穴でした。

⚠性の欲望をすべてかなえた地方議員

ラストを飾るのは、「盗んだ人妻100余人オラが県会議員ドノのポルノ戦歴日本一」という地方議員です。その人物は、『女性自身』（1973年4月28日付）の「シリーズ人間」で紹介されています。

「カタカナしかかけない西田佐三ヤン(66)と30才から82才までの『上流夫人』たち」――。

『女性自身』の見出しです。

さて、三重県議会の西田県議は地方政界での功績で藍綬褒章を受章しています。県議になる前は、村議や町議を20年間勤めています。落選の経験もなく、地元ではかなりの有名人でした。地元の有権者からは、親しみを込めて「佐三ヤン」と呼ばれていました。

小学校も4年までしか通っていなくて、読み書きできるのはカタカナだけです。身長150センチで、これまでスーツを着ても靴を履いたことがありません。いつも250円のサンダルを履いていました。

日ごろの生活では、午前1時ごろ寝ている妻や子どもを残し、みずから軽自動車を運転して隣の市に住んでいる愛人宅にお泊りしていたといいます。これは毎晩の日課だといいますから、その絶えないスタミナ源を聞いてみたいものです。

この愛人は45歳（当時）で、天ぷら屋を営んでいました。夫と死別して始めたお茶漬け屋で、西田県議と知り合っています。なにかと西田県議に面倒を見てもらい、身を持ってその恩に報いたいと思っていました。

別の日、西田県議は陳情を処理したあと30代半ばの不動産屋の女社長で、人妻の女性とクルマで県立老人保養所「芙蓉荘」に向かいました。この施設は西田県議が厚生委員時代につくったもので、我が家のように利用していました。そこで一緒にきた女性と風呂に入り、部屋で定食を注文します。

それを運んでいった女中が襖を開けると、西田県議が連れの女性を膝にまたがらせて愛欲の真っ只中だというのは日常茶飯事だったといいます。ここに連れてくるのは前述の天ぷら屋の未亡人、60代半ばの女性などです。

先生は同誌で、こう豪語しています。

「どの女もええ声で泣くんや、〃わたしもういくの、またいくの……〃とな。特に三十五才の女はええな。あすこもやわらかで、汽車でいうたらグリーン車やな。車でいえば外車やな。わしは最低三十分は楽しむ。だが、実弾を発射するのは月に一回ぐらいやな。発射したら翌日疲れるからな」

その後、一旦家に戻り、休む間もなく近所の立派な門構えの邸宅に入ります。そこには地元で一番大きな銀行の支店長の未亡人が住んでいます。

酒もタバコもやらない西田県議は、色の道一本で生きてきました。

そして西田県議が上流婦人ばかりねらっているのは、こういう理屈だそうです。

「上流の女は年とっても体がやわらかいからな。貧乏で働いた女は、五十になったら、もうカサカサや。その点、いい家の女は六十すぎてもズルズルや。女はやはり三十すぎがいいな。三十五、六が一番やな。鈴虫みたいに鳴くのもおれば、セミみたいに鳴く女もいる」

西田県議は、そもそも貧農の出です。小さいころから丁稚奉公に出され、その後、八百屋や魚屋の手伝い、保険の勧誘員、タクシー運転手、荷車引きなどをやったあと山林ブローカーに転身しました。

終戦直後、貯金をはたいて買った山林が短期間でパルプ工場に数十倍の値段で売れたのが運の始まり。一時は、映画館や病院まで経営していました。

西田県議の女性観は、こうです。

「女は金のない男には付かんな。それと優しさや。女かてしたいのやから、優しくしてやれば、かならず、なびくものや。もう一つは名誉。人間学歴だけでも、金だけでも名誉は得られん。わしは名誉が欲しくて議員になったんや。だいたい、政治は金のあるものがしな、あかん。金のかからん選挙やったら、だれでも選挙に出るわ。出たら金が欲しくて汚職する。だから金のないものは政治したら、あかんのや。名誉があるから女も安心して、わしについてくるんや」

まさに、言いたい放題です。ここまで開き直れるのも、生き様がベースになっている才能なのかもしれません。


昔から、やりたい放題の地方議員はいました。ただ、国会議員ほどにはニュースで取り上げられませんでした。それをいいことに、今でも好き勝手やっている地方議員がたくさんいます。

賢い有権者になって、こうした好き勝手な地方議員には次の選挙で投票しないようにしましょう。

第二章
六つの型に分類される地方議員

地方自治は、「民主主義の学校」とも呼ばれています。

その地方自治の現場で、選挙の「空洞化」現象が大きく進んでいます。

たとえば11年4月の統一地方選挙では、『ダイヤモンド・オンライン』（ダイヤモンド社、15年1月6日）の調べによると、市区町村議選の平均投票率は49・86％と史上初めて5割を割っています。なかでも41道府県議選の平均投票率はさらに低く、48・15％にすぎません。

これは、どういうことを意味しているのでしょうか？

要するに、有権者の過半数が民意を表示しないまま全国各地で大量の地方議員が生まれていたということです。

議員定数を上回るだけの立候補者がなかなか現れず、無投票となるケースも続出しています。

11年の統一地方選挙の数字では、選挙が実施された41道府県議会の総定数2330人のうち410人が無投票での当選となっています。その率は17・6％で、07年の16・35％を上回っています。

こうした地方選挙での無投票の広がりは全国的な傾向となっています。

11年の選挙では、なんと、選挙の行われたすべての道府県で無投票での当選者が生まれているのです。

最も無投票での当選者が多かった島根県では、県議定数37のうち7割を上回る26議席が選挙なしで決まっていました。

まさに今、住民が知らない間に、有権者が選んだことのない地方議員が続々と幽霊のように登場してきているのです。

それは地方議会が、住民の民意を反映していない状態で議会のメンバーが決まっているということです。これは都道府県議選だけではなく、住民にもっとも身近な存在と思われる市区町村議選でも例外ではありません。

無風選挙――。

11年の統一地方選では、全国の市区町村議選で立候補者数が定数よりも1人しか多くなかったというケースが約4分の1も占めています。

このように選挙が実施されても立候補者が少なく、落選者がごく一部に限られるというケースが増えています。地方選挙は、もはや低投票率と無投票選挙が定番のようになりつつあるということです。

それでは地方選挙が盛り上がるはずもなく、ますます低投票率に繋がっていくだけのことです。

このままでは、そのうち選挙が実施される自治体のほうがめずらしいという日本が誕生しているかもしれません。

地方議員の実態にも、いろいろ出馬を躊躇させるものがあります。

たとえば組織や地区の支持がないというものです。

結果的に、組織票のある候補者だけが当選する傾向が強まっています。それは、地域の活性化とは真逆の地方議員の固定化に繋がっているのです。

議員の固定化が進むと議会への新規参入が難しくなり、議会の新陳代謝を大きく阻害していきます。激しい選挙戦が繰り広げられることもなくなり、議員間の競争原理が働かなくなってしまいます。

そして、ますます議員の質の低下を招いてしまいます。

地方自治は今、その土台が大きく崩れ始め、まさに「代議制民主主義」の危機を迎えていると言っても過言ではありません。

その地方議員ですが、いったいどういう人がなっているのでしょうか？

私なりに、地方議員をいくつかのタイプに分けてみました。

保守本流型

地元の名士の孫で、危険ドラッグで逮捕された横山県議などは典型的な保守本流型です。このタイプは、実際には自民党系の地方議員に多く見られます。

有権者としては、候補者が議員になる前の経歴が気になります。どんな勉強をしてきたのか、どんな経験を社会でしてきたのか、それをどう議員として地域、住民のために役立ててくれるのか、投票するときの判断材料になるからです。

その経歴や体験が、なにひとつ成功したことがなく、やる気もなかったという議員も少なくありません。それを見かねた家族が「選挙に出すしかないだろう」と出馬させるケースです。

有権者からすると、なぜ地元有力者の子息だからといって投票しなくてはいけないのかといった気持ちにもなります。ただ、その出馬情報が流れただけで、すでに選挙戦で優位に立っている場合が少なくありません。

それにしても、なぜ日本人は世襲や二世が好きなのでしょうか？

その疑問を番組に出演してくれた民主党の細野豪志議員に聞いてみたことがあります。

すると「その家の歴史を見て行くのが好きなのではないですか？　民主党はそういうのがなかなかなくて」と。確かに自民党の総理経験者でいえば、安倍総理のおじい様は岸信介元総理ですし、麻生太郎元総理のおじい様は吉田茂元総理、その前の福田康夫元総理のお父様は福田赳夫元総理となる。これだけ見ても、出世争いの厳しい永田町で頂点に立つ場合、他の国会議員にも、どこかに「世襲なら仕方ない」という気持ちがあるのでしょう。

世襲議員は､親に敷かれたレールの上を走ってきたこともあってガツガツしていません。妙な政治的画策もしませんし、そんなに意地悪でもありません。

それまで対立してきたのはほとんど家族だけで、親が敷いたレールに乗るのか乗らないのか、人生の選択肢が非常に狭いのが特徴的です。

育ちのいい性格が幸いして地方議会などでは敵をつくらず、だれとでも円滑な人間関係を築けます。そのため比較的早く地方議会の議長に就任したり、首長に祭り上げられたりすることもあります。

世襲候補の経歴で、「親の議員秘書」というものがあります。それには2種類あって、まず銀行員や公務員などを辞めて親の秘書となるもの、一方、過去の経歴が不透明なものです。

有権者は、とくに世襲候補の出馬前の経歴を慎重に見極めなくてはいけません。それでも、なかにはそれまでパッとしなかった世襲候補が、議員バッジをつけた途端に水を得た魚のように豹変するケースもあります。

肝心なのは、候補者の親族が地元の有力者だったとしても、そこだけを見て判断しないことです。政策面で「父親より立派」と言われていても、その政策は実際には父親が考えていたなんてことも十分にありえますから。

既成政党型

政治ネタを得意とするコントグループ「ザ・ニュースペーパー」のライブに行くと、テレビ朝日の番組『朝まで生テレビ』をパロディーにした人気コーナーがあります。たとえば団員が日本共産党の志位和夫委員長のモノマネをするのですが、すべての政治的案件について反対するので会場は笑いの渦に巻き込まれます。

私が八王子市議だったとき、共産党の議員を見て「アッ、活動家だ、思想家だ」と新鮮な印象を持ったことを覚えています。

共産党の市議は、議会で発言するとき「われわれ日本共産党市議団は〜」とテレビ番組のクレジットのように、そのフレーズを繰り返します。全員が強い意志を持って常に反対し、議場での演説のときもやたらと芝居がかっているように見えます。

当時、そんな姿を見ていて「活動家か、カッコイイな」「こういう人たちがいるんだ」と思っていました。

共産党は支持基盤が堅く、地方選挙で一定の当選者を確実に出しています。国政選挙でも、共産党に多くの票が集まる選挙があります。

「今度の選挙はぶれる与党よりも一貫して主義主張を貫く共産党がいい」、または不況が長く続くときなども、共産党に浮動票が入り飛躍します。

与党がもたついたときの共産党の政策は、多くの有権者の心に響きます。

それと双璧をなすのが、創価学会を支持母体とする公明党です。両者は55年体制以降、取り込みたい支持層がかぶることから激しく対立してきました。

公明党は地方選挙で、きめ細かい組織力を使って公認候補者をほぼ100%当選させるという安定した党運営を行っています。

八王子市は人口60万人の地方都市で、創価大学や創価学会系の富士美術館などがあり、市民の6人に1人は創価学会員といわれています。まさに創価学会の牙城で、選挙ともなると公認候補者を100%当選させています。

正直なところ、昔は創価学会員に驚かされたこともたくさんありました。

学生時代、アルバイト仲間が突然、仕事を辞めることになって理由を聞くと、「選挙だから、応援しなくては」と言うのです。自分の生活パターンまで変えて選挙に取り組むという姿勢に、感心もし、びっくりもしました。

学校を卒業して何年か経って、顔さえ思い出せない同級生から電話で「今回の選挙、○○さんに投票してね」と電話がかかってきます。もちろん、○○さんは公明党の公認候補者です。

よく会社の社長が「俺の会社を動かせば300票は固い」などと豪語していますが、実際には何人の人が投票するでしょうか。地域の顔役が候補者を推薦してきたとしても、何人の人が従うでしょうか。

それよりも、創価学会員が出会った一人一人に「○○さんに投票してくれませんか」と頼んだほうが効果はあるはずです。

人とのつながりが希薄になっている今、創価学会、公明党のフレンド作戦は素晴らしいものと思います。

その強固な組織、末端社員の営業力の高さなど、ビジネスとしても大いに見習うべきところがあります。

地方選挙で既成政党型の候補者が争うと、意外な結果が生まれることがあります。

1974年、大阪府豊中市の市議会議員の補欠選挙で、当時25歳だった無名のヤングママが初当選したのです。2011年まで現役議員だった小沢福子大阪府議です。

その選挙は当初、共産党公認の候補者だけが出馬の予定で、無投票かと言われていました。ところが、小沢ヤングママが急遽出馬し、議席を獲得してしまったのです。

いかにもポッと出の市民代表というイメージですが、実は社会党の打診を受けての出馬だったのです。ともかく、共産党の独走を阻止した社会党の作戦勝ちでした。

ちなみに私は、インターネットの、国会議員インタビュー番組『会いに行ける国会議員みわちゃんねる 突撃永田町!!』を毎週1回、生放送で続けています。

番組は、フジテレビの『笑っていいとも!』のように、今登場している国会議員が次の国会議員を紹介する「友達の輪」というスタイルです。

公明党では、かつて「特別編」で太田昭宏代表に登場してもらい、共産党では、佐々木憲昭前衆議院議員に登場してもらいました。

共産党や公明党の国会議員にも、今後たくさん出演してもらいたいですね。

踏み台型

あれは、八王子市議選に初めて立候補したときのことでした。

地元の各家庭を訪問して「出馬します」とあいさつ回りをしていたとき、よく相手から「当選するのは1、2回落選してからでいいんじゃない」と言われました。

当時、血気盛んな20代だったこともあり、「人生で大切な時期を、市議浪人なんかしてなるものか」と気持ちが奮い立ったものです。

かつて自民党の菅義偉《すがよしひで》官房長官にインタビューしたことがあります。

小泉政権のころで、菅官房長官はまだ無役でした。あれから13年、今では自民党のスポークスマンとしてテレビに頻繁に登場し、SPを従えて永田町辺りを歩いています。市議、県議、国会議員と出世の階段を一歩、一歩上ってきた、まさに、地方議会からの叩き上げです。

市議に選ばれると条例の制定に関われるし、予算や決算に物申すことができます。仕事に不満はないのですが、なかには「もっとステップアップしたい」と思う市議もいます。

私も例外ではなく、心の虫が騒ぎ出して都議選に出馬し、惨敗した経験があります。

今は地方議員であっても、これを踏み台にして国政に進出したいというのは「あり」だと思います。そうした思いのある地方議員は狭い視野でモノを見ていませんし、俯瞰的な視野を持って活動してくれます。

有権者としても、支持していた地元の地方議員が国政へ進出してくれるのは嬉しいことです。地元で育て、国政に送り込んだという気持ちも湧いてくるはずです。

国会議員に当選し、いきなり大蔵大臣になったのは、高級官僚だった池田隼人元総理大臣ですが、一方で地方議員からこつこつと実績を積み上げ、たたき上げで総理大臣になる人がいてもいいと思います。自分の地域で「これだ！」と思う人がいたら、一つ長い目で育ててみてはいかがでしょうか。

ただ、地方選挙では、意欲や能力があっても新人候補者が選挙にチャレンジしにくいというところがあります。

とくに働き盛りのサラリーマンにとっては、立候補するにはキャリアを捨てて出馬しなければなりません。家族持ちなら生活費の問題がありますから、どうしても出馬を躊躇してしまいます。

議員報酬の問題もあります。

マスコミの報道などもあって、議員報酬は高額というイメージが定着しています。しかし、高額の報酬をもらっているのは都道府県や政令都市、東京23区など大規模自治体の議員で、小規模な市町村の議員報酬は思ったほど高くありません。

たとえば町村議の報酬は、全国平均が月額で約21万円といったところです。さらに政務活動費や費用弁償のない自治体もあります。そのため、立候補に二の足を踏む人が少なくないのです。

人生一発逆転型

私が地方議員を値踏みするとき、まず議員になる前の経歴を重視しています。

下世話な話かもしれませんが、議員になる前の年収にも注目します。あくまで私個人の「偏見」ですが、議員になって収入がアップする場合、ちょっと警戒の目で見たほうがいいかもしれません。

たとえばタレント議員でも、最近テレビで顔を見かけなくなっていたと思っていたら地方議員になっていたというのはよくあることです。

極端な話ですが、地方議員ではありませんが、「みんなの党」から出馬した松田公太参議院議員はタリーズコーヒージャパンの創業者でした。ですから、会社の上場益や伊藤園へ株の一部を売却した際のまとまったお金を持っているはずです。

彼は、お金を稼ぐためにせかせか働かなくてもいい時期に、議員になっています。ですから、政治を変えたいという思いで出馬されたと思います。

選挙では、ホリエモン（堀江貴文）、サイバーエージェントの藤田晋社長、トレンダーズの経沢香保子社長などの支援を受けています。

前職からお金持ちの政治家といえば、財閥「藤山コンツェルン」の2代目だった実業家、藤山愛一郎です。藤山は、政治に私財をふんだんに注ぎ込みました。気がついたら井戸塀しか残っていない「井戸塀議員」とも呼ばれていました。

政治の世界では外務大臣、経済企画庁長官など、経済界では日本商工会議所会頭、経済同友会代表、日本航空会長などを歴任しています。

松田議員も、理想を実現するために私財を政治の世界に注ぎ込むのでしょうか？　今の議員はそんなことはしないでしょう。

地方議員の中にも、同類の政治家はいます。

ともかく、政治はお金をもらっても、あげてもいけない世界ですから厄介と言えば厄介なところです。

大事なのは、候補者が議員バッジをつけたあとの活躍です。

パナソニックの創業者、松下幸之助は、こう言っています。

「政治家になる資質は、運と愛嬌です」

議員という職業は、なってみないとわかりません。

今まで鳴かず飛ばずの人生を送っていたとしても、議員バッジをつけてから運勢がみるみる変わり、心意気、志を持って決して「税金泥棒」とは呼ばせない活躍をすることも十分に考えられるのです。

これこそ「人生一発逆転型」の理想形です。

その点、金持ちだからと祭り上げられて候補者になっても、議員バッジをつけてから一向に活躍しない地方議員には要注意です。たんに議員を名誉職と思っているのです。このタイプの議員は、かつて地方議会にたくさんいました。

有権者は、地方選挙の候補者について議員になったあとの働き具合を想定し、見定めておく必要があります。判断材料として、候補者の前職での収入源もチェックしておくことです。

むろん、生活できないから地方議員になりたいといった不埒な考えの候補者は言語道断です。まさに、これから「税金泥棒」になろうと考えているわけですから。

大阪市の橋下徹市長は「日本維新の会」を結党したとき、公募に応募してきた人を会場に集めて、こう告げたといいます。

「金銭的に自立していない人は、今直ぐ会場から出て行ってください」

そのとき会場を去った人はいなかったようですが、橋下市長は選挙費用や、大差で負けたときに支払う供託金をちゃんと自分で支払う覚悟はあるのかと問うたのです。橋下市長の「党におんぶに抱っこはやめてほしい」という強い牽制を感じさせます。

大々的に公募などをすると、ピンからキリまでいろいろな人が集まってきます。なかには、お金目当ての人もいるはずです。

最初にガツンと言っておかないと、政党も、有権者も結局は損をすることになりますから。

美人すぎる型

マスコミは選挙の女性候補者だけでなく、横領犯や殺人犯であってもタイトルに「美人」と冠をかぶせてくれます。

たとえば「○○市美人候補者の戦術は?」「男に三千万貢いだ美人OL横領犯の素顔」といった具合です。そのほうが読者の想像力をかきたて、新聞や雑誌が売れるからです。

マスコミの記事になった地方議会の候補者で「美人」の冠をかぶせられた最初の女性はだれだったのでしょうか？

調べてみると、40年ほど前の『週刊サンケイ』（1975年5月）のタイトル「保守王国・栃木を沸かせた共産党美人候補」にたどりつきました。

当時、栃木県は保守王国で、共産党の県議はいませんでした。共産党は、ここを佐賀県、鳥取県とともに最重点地区に指定し、モーレツな攻勢をかけています。その共産党員の期待を一身に背負っていたのが、若くて、美人で、しかも独身という女性候補だったのです。

ここに、記事の一部を紹介します。

〈中西恵子さん、目のパッチリした、笑うとエクボのかわいい、なかなかの美人だ。しかも独身である〉

中西候補は当時32歳。日本福祉大学を卒業後、足利市の社会福祉事務所でケースワーカーとして働いていました。

気になる選挙結果は、5つの議席を7人で争い、次点での落選でした。ただ、足利市の共産党の基礎票の3倍の票をかき集め、かなり善戦したのです。

男を喰い殺す魔女――。

辺りにエロスを撒き散らす、なんとも艶《なまめ》かしい女性を想像します。

実際は、そうではありません。

40年も前の1974年、小さな山あいの村、愛知県南設楽《したら》郡作手《つくで》村に誕生した菅沼博子村会議員に浴びせられた心無い言葉です。

菅沼村議は、作手村で女性初の村会議員でした。当時32歳で、3人の子どもがいました。

ちなみに作手村は今、平成の大合併で新城市となっています。

作手村では、それまで村議は「損する会の議員」だとも呼ばれており、村の重鎮が持ち回りで立候補していたといいます。そこに、初の若い女性村議が誕生したのです。

地方自治は、いわゆる「ゆりかごから墓場まで」を分野としています。それは重鎮よりも、きめ細かな配慮ができる女性に適しているともいえるのです。

実際、菅沼村議は村の過疎化を憂い、自給自足の奨励、肥料として利用できるゴミのリサイクルなどに取り組んでいました。

私生活では晴耕雨読で、雨の日には家で子ども服をハンドメイドするなど、根のはった暮らしをベースに議会活動に励んでいたそうです。

私は、八王子市議選に無所属で出馬しました。だれに出馬を勧められたわけでもなく、まったく自分の意思でした。もちろん、どこかの団体に推されたということもありません。私が初出馬した95年当時、地方議会では女性議員は社会党、共産党、公明党、生活者ネットワークなどに所属していました。自民党は意外と少なく、私のような無所属は大変めずらしい時代でした。

89年の国政選挙では、いわゆる社会党の「マドンナ議員」がたくさん当選して話題になっていました。そのイメージがまだ色濃く残っていましたので、私が有権者とお会いして「無所属です」と明かすと不思議がられていました。

かしこまって「これから政治に関わります」と宣言しても、なかなか訴えたいことを表現できずに歯がゆかったのを思い出します。

とにかく、当時、女性の地方議員は既成政党が推している人にかぎられたところがありました。そのため、有権者も選択肢が狭かったと思います。

ですから、既成政党にアレルギーがある有権者は、「だったら地方選挙なんか行かない」という行動に繋がっていたところもあります。

それが今、地方選挙では、女性候補は自民党、民主党、公明党、共産党、維新の会など多彩です。有権者にとって、その選択肢が格段に広がっています。

私の経験からしても、地方議会のような、有権者と距離が近く、きめ細かい人間関係の政治手腕が求められる場では、女性であるからこその才能が開花すると思います。

ある知人の会社経営者が、こう言っていました。

「飲食店で、お水のおかわりを頼んでも、それを忘れてしまうのは圧倒的に男性スタッフのほうなんだ」

女性議員なら、細かい陳情などにも嫌な顔をしないで対応してくれるかもしれません。

ただ、女性だからといって、美人だから、美人すぎるといって有権者がすんなりと投票してくれる時代はとっくに終わりに近づいています。

私は、よく「女性の地方議員が疑獄事件をひんぱんに起こすようになったら本物だ」と言っています。

むろんブラックジョークですが、それくらい女性の地方議員が多く地方議会を占めることが「世界基準」だと思っています。

政党渡り鳥型

小選挙区制は、もともと二大政党制を目指していました。それが今や体をなさず、自民党の対立軸になってほしい民主党も元気がありません。

12年の総選挙で、惨敗した民主党から維新の党やみんなの党に民主党議員が渡り鳥のように飛び去っています。さらに、14年にはみんなの党が解党となり、その所属議員が民主党や維新の党、次世代の党に移っています。

生活の党の小沢一郎代表は、かつて「豪腕」と恐れられていました。それが今や「生活の党と山本太郎となかまたち」の共同代表です。所属議員は、たった5人です。ちなみに個人名が党名に入るのは憲政史上初ということです。


さて、「政治は数」とも言われています。

その数を確保するための力量として、地方においては自民党の歴史、営業力、人脈のネットワークが群を抜いています。

自民党は、ご存知のように09年の総選挙で政権を奪われました。しかし、多くの国民は11年に発生した東日本大震災の復興をめぐって、政権を担っていた民主党のあまりの決断力のなさ、浅くて狭い人脈に気づいてしまいました。

それまで自民党議員が冠婚葬祭に顔を出すのは選挙での票獲得のためだと鼻についていましたが、「選挙を通じて議員や仲間と知り合っておく、触れ合っておくことも大事ではないか」と思い直してしまったのです。

地方での人間関係は、正直厄介です。

派手にマスコミに登場していても、冠婚葬祭や地域住民とのつき合い、助け合いをおろそかにしていると、こう陰口を叩かれます。

「テレビで言っていることは立派だが、公共事業を持ってきて地元の古くなった小さな橋さえ建て替えられない」

もちろん、そうなると選挙での票も減ってしまいます。有権者はマスコミやネットでデフォルメされた候補者の姿ではなく、実際に接した姿で評価をしているのです。

いくらあいさつがうまくても、選挙ポスターの映りがよくても、キャリアが素晴らしくても、有権者は候補者の素顔、本音を見通します。

地方議員にとって人気の高い政党では、候補者に公認を与えるまで相当のふるいにかけています。もちろん、女性問題などスキャンダルを抱えていないかどうか身辺調査もするでしょう。

その点、新党は、いつも玉不足でなかなか候補者を決められません。寄ってくる候補者も、おメガネにかなうレベルに達していないことが少なくありません。

そして支持者は、ただ「これから勉強します」という新人の言葉だけを聞かされることになります。

今年のお正月、何人かの地方議員から「○○党を辞めて、自民党に入党することになりました」という葉書をもらいました。たぶん、今年4月の統一地方選のための入党だと考えられます。

所属する政党を変えることとは、入りたいと思っている政党に頭を下げて仲間にしてもらうことです。それは、これまで戦っていた敵の陣地に白旗を掲げて入っていくことでもあります。

選挙の歴史をたどってみると、「マドンナ議員ブーム」や「小泉旋風」などいろいろなブームがありました。その度に、うまく政党を渡り歩いていく地方議員がいます。

そんな地方議員と接した経験で言うと、この手の議員はスタンドプレーが多く、議会でも自己中心的な行動を取りがちです。

ただ、なかには演説や問題提起がうまく、市民目線も持っている地方議員もいます。自分の思いを実現するために頭を下げてでも所属する政党を変えることができるのは、先見性や柔軟性があるのかもしれません。

血税生活者とはいえ人の子です。すべての有権者のおメガネにかなう完璧な議員などどこにもいません。

その議員が党を真の意味で超える、「超党派」の議員であるのなら、所属政党に関係なく支援し続けてあげても良いのではないでしょうか。

第三章
地方選挙で
ダマす候補者、ダマされる有権者

地方選挙で候補者の「○○」にダマされない

有権者は、日ごろ冷静に候補者を見定め、評価することができます。しかし、いざ選挙が始まると独特のムードに流され、投票しようと思っている候補者に過剰な期待を抱いてしまうことがあります。

ですから、ここで選挙後に落胆、後悔しないためにも、自分が選んだ候補者に投票していいものかどうか、みなさんも一緒に考えてみませんか？

祖父や父親の地盤を引き継いだから投票してもいいのか？

いわゆる「地方議会」は、変化をもっとも嫌います。異分子が参入してきたときの警戒感、敵意には凄まじいものがあります。

新旧の対立から感情的になり、いろいろな身辺ネタが調査、公表されて新参者が失脚していったケースは少なくありません。

人柄より家柄――。

地方選挙の有権者は、どこの馬の骨ともわからない人物の人柄よりも代々続く地方議員の家系だからと家柄のいい候補者を選びたがるところがあります。

たぶん、変化ではなく安心感がほしいからだと思います。

このように地方選挙で有権者が陥りやすいのは、候補者の「父親に世話になったから」「祖父の代から投票しているから」という理由だけで支持してしまうことです。

候補者が父親や祖父以上の活躍をすることもありますが、そうでないケースも少なくありません。むしろ、後者のほうが多いといったのが実情です。

毎朝駅前に立っているから投票してもいいのか？

八王子市議選に初めて立候補したとき、当初、選挙活動として何をやっていいのかまったくわかりませんでした。

そこで私なりに始めた苦肉の策が、早朝の駅前に立って通勤するサラリーマンなどに候補者として名前を覚えてもらうことでした。

とにかく「がんばるぞ」と意気揚々と早朝の駅前に立っていても、名前を連呼したり、政策を訴えたりするための拡声器が使える時間はかぎられています。

当時は長々と演説できる能力もなく、ひたすら「おはようございます」と頭を下げ続ける日々でした。

この選挙スタイルは今ではお馴染みになっていますが、当時は候補者として惨めな気持ちが湧き上がってくるときもありました。

ところが、この見た目に能がなさそうな戦術でも1か月も繰り返していると駅前で馴染みの顔がかなり増えてきました。何人かとあいさつを交わすことができるようになっていたのです。

そのときつくづく思ったのは、同じ時間帯に、同じ場所で、同じ行為を繰り返していると見知らぬ相手でも安心感をおぼえるようになるということです。

まさに、テレビのコマーシャルでも広く使われている「刷り込み効果」です。

ただ、有権者はそれだけで候補者に投票してもいいのかということです。

大事なのは「暑い日も寒い日も、駅前に立ち続けている根性はわかったから、その根性を持って地方議会でなにをしてくれるか」ということです。

有権者が投票する前に気をつけなくてはいけないのは、たんに候補者が「自分に酔っている根性」しか持ち合わせていないというケースです。

選挙戦は、有権者にとっても「ゴールではなくスタート」なのです。そのスタートで選択を間違ってしまうと、意義あるゴールなんて期待できません。

そして地方議員には、地域住民の声にしっかりと耳を傾けて地域の課題を的確に捉えていく能力が求められています。

地方議会には、その解決策を提示できる人材が欠かせないのです。

イケメンだから投票してもいいのか？

能あるタカは爪を隠す――。

優秀な地方議員ほど自分の見せ方、売り込み方に用意周到です。平身低頭を基本に、いつもソツなく選挙活動をこなしています。

ただ、地方政治の世界は、おたがい議員同士の嫉妬心が渦巻いているところでもあります。選挙活動にしても油断をしていると、なにかをきっかけに足元をすくわれることになります。

敵対する候補者は、相手の油断を絶好のタイミングとばかりにワナを仕掛けたり、怪情報を流したりしてきます。

地方議員の場合、4年に1度は必ず選挙がありますから、ライバル議員や新人候補者などと「友好関係」を築いているとしても気は許せないのです。

しかし、選挙活動に「心」がこもっていないと有権者の共感など得ることなんてできません。

どんな職業でも、いささか天狗になっている人には人の情けなんてわかりません。

地方選挙で、支持者が候補者をその「天狗」にするかのようにヨイショし、候補者のほうも勘違いして周りが見えなくなってしまうことがあります。

支持者には無責任なところがあり、立候補を逡巡している候補者に「やはり選挙に出たほうがいい」「いずれ国政に出なさい」などと、それこそノリ天気な「ノリ」で担ぎ出そうとします。

それはファンがアイドルに「ヌードを撮ったら絶対いいと思います」とささやくようなもので、なにも責任を取らなくていいから言えることなのです。

アイドルを売り出すには、18歳では遅すぎる——。

芸能界では、そう言われています。

その点、地方選挙では、候補者のなかに若い人が少ないという実態もあって、たとえ30代であっても「若さ」が大きな武器になります。

地方議会は、かつて地元の名士や有力者の「名誉」を体現させてくれるところでもありました。その名残で今でも年齢構成が高いところも少なくなく、候補者が30代でも十二分に若く、20代ともなると超人的な若さなのです。

変な話、若さだけでなく、背が高いというだけでも注目されます。

これまで食糧事情が悪かった時代に生まれた年配議員が多かったので、背が高いだけでもめずらしがられます。そもそも、明治生まれで身長180センチ以上あった黒澤明映画監督のような人はまれです。

有権者のほうも、手にシミがあって加齢臭が漂っているような高齢の候補者よりも、若くて身長も高い候補者になびいてしまうのは仕方のないことかもしれません。

かつてアメリカでは、ケネディ大統領が登場してアイゼンハワー前大統領がかすんでしまいましたが、歴史的にアイゼンハワーの偉業もケネディに負けず劣らず立派なものがたくさん残されています。

ですから、有権者は「似非《えせ》ケネディ」の候補者にはくれぐれもダマされないようにすべきです。

なかには、こんな有権者もいます。

「だれに入れるか決まっていなかったので、最後に見た選挙ポスターで決めました」

候補者は、そのことに気づいているのでポスター映りにこだわります。ある国会議員のベテラン秘書から、こんなエピソードを聞いたことがあります。

「うちの先生は、ふつうの仕事はほとんど秘書任せだけど、選挙ポスターや自分が掲載される印刷物の写真だけはみずから選んで、決して人には任せません。その写真にしても、何回も撮り直し、修整をしているんです」

写真の修整技術は、昔に比べて格段に上がっています。極端な話、どんな顔でもなることができるということです。

投票直前の選挙ポスターも3割ほどの判断基準にとどめて、駅立ちや後援会の会場で候補者に直に声をかけてするなどして、そうしたことを候補者選定の判断材料に取り入れてみませんか？

バス旅行に連れて行ってくれるから投票してもいいのか？

現職の地方議員の多くは、次の選挙に勝つことが最大の目標です。

地方議員の支持者は、よく候補者にこう言います。

「議員を1期では、なにもできない。2期3期と当選を続け、いろいろ私たちに恩返ししてくれないと元がとれない」

選挙で当選した議員は2期3期と当選を重ね、それとともに支援者との関係も深まり、その輪も広がっていきます。

議員が主催する年に数回のバス旅行は、支持者同士の楽しい交流会の場であり、結束を固める場でもあります。

ある横浜市議のホームページを覗いてみると、支持者が書いた「後援会だより」が載っていました。

〈気持ちのよい秋晴れに恵まれバス旅行に行って参りました。総勢200名近くバス5台で出発です。行き先は築地場外市場—八芳園—柴又帝釈天—聞きなれた都内の観光地でした〉

後援会主催のゴルフ大会も、頻繁に開かれているようです。

ただ、どこか甘えた学生のサークル的な後援会の存在が、その議員を劣化させていくこともあります。

たとえ議員に対する不満が支持者にあったとしても、後援会というサークル内で愚痴や悪口をささやき合うことで、それが解消されてしまうからです。

そうしたサークル的な構造が「お山の大将」という名の議員を誕生させ、議場でのセクハラヤジなどの騒動に繋がっていくのです。

因果応報——。

原因のない結果なんてありません。

東京都議会でのセクハラヤジにしても、それが飛び出すまでの伏線がどこかにあったはずなのです。

後援会には、なにかのしがらみで入っているという人も少なくありません。なかには候補者に「ちょっと」と、意にそぐわない疑問を持っている人もいるはずです。

後援会の会員だからその候補者に投票するという考えを今一度、見直してみませんか？

よく家に来てくれるから投票してもいいのか？

若い女性の、2人に1人が「汚部屋」に住んでいるという調査結果もあります。それが理由かどうかわかりませんが、最近、他人を自宅に招き入れる人が減っています。

マンションなどでは椅子とテーブルが揃ったロビーが設置されているところも多く、自宅で会うよりも外のほうが気楽なのかもしれません。

余談ですが、「料亭政治」という言葉があるように、政治家は密談や大切な話のときは口の堅い従業員で構成されている料亭を使うのが主流でした。しかし最近では、「高い」「秘密が守れない」などの理由から、国会議員の料亭の使用頻度は格段に減りました。

そして、時代の変化とともに多くの料亭が姿を消しました。最近では、国会議員の密談の最たる場所は「議員宿舎の部屋」だと何人かの国会議員から聞いたことがあります。「これだと絶対新聞記者にわからない」とのことです。

地方選挙で当選したい候補者にとって、戸別訪問は欠かせません。ただ、公職選挙法では戸別訪問をして投票のお願いをすることは違法とされています。

戸別訪問は、有権者と議員の距離を大きく縮めてくれます。とくに地方選挙では、最重要な活動と言っても過言ではありません。

いろいろな公職選挙で、投票に行かない若い世代が増えているといいます。その点、地方選挙で積極的に投票に行くのは60代から70代の地域住民です。その世代は昼間、自宅にいることが多く、それほど戸別訪問を嫌がりません。

ふつう候補者は、選挙活動で戸別訪問をしたら必ずリストをつくります。そして住宅地図にA、B、Cなどのランクをつけていくのです。

たとえばAは「大変いい反響、次回も訪問」、Bは「お叱りを受けたが、こちらの話も聞いてくれた。次回も訪問」、Cは「けんもほろろの対応、または支持者が明確で玄関などにポスターが張ってある。次回からは訪問先から外す」といった具合です。

みなさんが候補者の戸別訪問を受けたとき、生理的、思想的な拒絶感情がないかぎり話を聞いてみてもいいかもしれません。

候補者と会ってみると、礼儀など社会人として基本的なことを身につけているのか、どんな政策を訴えているのかわかるはずです。

その候補者は、ひょっとして傍から見ていたときとは違った一面を見せてくれるかもしれません。

女性だから投票してもいいのか？

安倍内閣は今年4月の統一地方選挙を見すえて、まず「地方創生」と「女性活躍」の2本柱を打ち出しました。

この2つは、なかなか野党が反対しにくいテーマだといいます。まさに、万人に耳触りのいいテーマです。

確かに、地方の商店街の疲弊や、男女雇用機会均等法の施行から30年近くも経とうとしているのに女性の社会進出は「先祖返り」している感さえあります。

とくに政治の分野で、女性の進出が遅れているのです。

14年3月4日、各国の議会で構成される「列国議会同盟（ＩＰＵ）」が世界１８９か国で女性の国会議員（日本は衆議院、14年1月1日時点）の割合を調べた報告書を発表しています。

日本の女性比率は、どうだったのでしょうか？

なんと約８％でした。女性の衆議院議員は定数４８０人中39人で、世界平均を下回る１２７位だったのです。先進国では、むろん最低でした。

私が八王子市議選に初出馬した当時（１９９５年）、地方議会に占める女性議員の割合は１・４％でした。それが11年4月現在、内閣府によると11・４％となっています。

ちなみに全国には、首長や議員など3万７３０２人の地方政治家がいます。そして女性の地方議員数は３９３５人です。

安倍内閣は、女性の社会進出について「すべての女性が輝く社会づくり」を打ち出しました。

その実現のため「２０２０年までに指導的立場にいる女性を30％に増やす」という目標を掲げましたが、これは義務ではないので実際どうなるかわかりません。

ちなみに政界への女性進出を進めるため、「クォーター制」を導入している国も少なくありません。これは、女性を一定の割合で配置するという制度です。

ＩＰＵ報告書では、安倍政権が掲げた目標についてこう評しています。

「今のところ目立つ動きがない」

第２次安倍内閣では、過去最多タイとなる５人の女性閣僚が起用されています。安倍首相はハツラツと活躍する女性閣僚の姿を国民に見せたかったはずですが、国民は小渕優子経済産業相と松島みどり法相が相次いで謝罪会見を開いて辞任するというカッコ悪い女性進出の顛末を見せられました。

エミリー・マッチャーの著書『ハウスワイフ２・０』を読むと、アメリカでは高学歴のキャリア女性があっさりと仕事を辞めて専業主婦になり、自給自足やハンドメイドの生活を送ることを選んでいる姿が描かれています。

これまでのように男性が主導する企業社会に組み込まれて仕事に追われる生き方ではなく、家族との時間、みずからの手でなにかを生み出す時間を大切にしながら持続可能な生活を送っている人たちです。

アメリカでは、このライフスタイルが新しいロールモデル（模範）となっています。要するに、ベビーブーマー世代の母親がキャリアアップをしても、あまりいい人生を送ってこなかったことを反面教師にした生き方です。

日本でも最近、ミニマムな支出で美しく見えるほうが「女子会のカースト」で身分が高いとされる風潮が出てきています。たとえお金がなくても、独自のスタイルとセンスで生きるほうがカッコイイと考えるのです。

私の番組で、ゲストが元大阪府知事の太田房江参議院議員だったことがあります。そのとき、女性の社会進出が話題になりました。

「一般女性はキャリアをアップすること、家で2時間ドラマを見ていることのどちらかを選べとなると、2時間ドラマのほうを選びますよ」

「実は大阪府知事時代に、多くの女性管理職を誕生させたかったけど、なりたくないって言う人が多かったですね」

それが、男性主導の組織でキャリアアップを望まない女性の実態でもあります。

ともかく、政治の世界では、女性はまだまだ理工学部の男性だけのクラスの紅一点という感じです。

それでも粘り強く政治活動を続けていくことで、女性は存在がレアな分、選挙戦でも政治活動でもかなりいいポジションを占めることができるのではないでしょうか。

もちろんセクシャルハラスメントや男性からのやっかみ、ジェラシーに打ち勝っていかなければいけません。

鈴木宗男新党大地代表は、秘書時代仕えていた自民党の中川一郎議員から「女のやっかみを押さえるのは簡単だが、男のやっかみはたちが悪い」と聞かされていました。たしかに女性候補者の芽を摘むのは男性議員といった一面もあります。

現在、国政は自民党一強時代と言われていますが、自民党の議員から、14年の選挙を小選挙区で戦った民主党の対立候補の活動が鈍いという話をよく聞きます。

選挙区によっては「民主の○○はもう活動を辞めたのではないか？」「駅でも見かけない」「事務所も閉まっている」「身体を壊しているらしい」などの噂も飛び交っているといいます。なぜ自民党の議員が民主党の議員を心配するのでしょう？

「○○が引退して、次の候補者が若い女性でしかも弁護士などとなったら、もう俺は終わりだよ」などと冗談のように話しますが、かなり本気で警戒しているのが伝わってきます。

このところ、女性地方議員の候補者は増加傾向にあります。

一昔前なら、数少ない女性候補同士を比べることすらできませんでした。その数が増えて、女性候補者でも選択肢が生まれています。

次の地方選挙では、ミスコンとは違った観点から女性候補者それぞれを比較してみませんか？

大物国会議員が応援演説したから投票してもいいのか？

私は八王子市議だった6年間、無所属を貫いています。

当時、いわゆる無所属が選挙活動では「流行り」だったのです。

ですから、選挙戦で既成政党の大物議員がライバル候補者の応援演説にやってきたとしてもまったく動じませんでした。

地元出身者じゃない大物議員の応援演説なんて、候補者としてではなく市民感覚として違和感を覚えるだけでした。

私は、むしろ政治の素人ということを売り込んだほうが有権者の心をより掴めるのではないかと思っていました。

ところが、その考えを打ち砕く光景に遭遇したのです。

あれは、私が大惨敗した都議選があった01年6月のことでした。

その日、八王子駅前のペデストリアンデッキ（高架になっている歩行者用の通路）は前代未聞の数の聴衆で埋め尽くされていました。

中央政界で「小泉旋風」を巻き起こしていた小泉首相が、自民党の都議選候補者の応援演説のために訪れる予定になっていたからです。

「あれっ、なにかが違っている」と気づいた瞬間でした。

それは無所属の素人政治全盛の時代が終わりを迎え、政党政治の復活を告げる光景だったのです。

素人の高校生を集めた「おニャン子クラブ」のアイドル全盛時代から、後藤久美子や宮沢りえなどに代表される正統派アイドルの時代がやってくるように、政界も芸能界も大きな流れを繰り返していきます。

その時代の風にうまく乗っていくことも、政治家の一つの才能だと思います。

風見鶏——。

中曽根康弘元首相も、かつてそう呼ばれていました。

自民党ネットメディア局長の平井卓也衆議院議員は、選挙の応援演説にスターを呼ぶことについてインタビューでこう打ち明けてくれました。

「かなり前のことだから言いますが、初めて出馬して落選したときの選挙で、友人だった郷ひろみさんが応援にきてくれて、女性ファンがたくさん集まりました。

しかし、私が演説しているときに、ひろみさんが先に集まった女性と握手をしてしまったのです。そのあと女性は私とは握手してくれず、ポ〜っとなって演説も聞いてくれず、ひどい目に遭いました」

このようにスターが応援演説にやってくるのも、候補者がかすんでしまうので気をつける必要があります。

有権者としてわかっておくべきは、今後地方政治の責任を取れる立場にいるのは、地元の地方議員だということです。応援弁士に惑わされないことです。

論客だから投票してもいいのか？

ふつう世間では、知識人や作家、評論家、コメンテーターなどを一括りにして「論客」と読んでいます。

いわゆる「論客」は、たとえばテレビのワイドショーで司会者から今日起こった出来事について「どうなっているのでしょう」と発言を求められます。

すると、与えられた時間内に筋道を立てて解説、コメントし、自分の意見も述べます。視聴者は、毎日、毎週のようにテレビで論客の解説や意見を聞いていると頼もしさを感じ、親しみも覚えるかもしれません。

この作家こそ政治家にふさわしいのではないか――。

ありがちな発想です。

既成政党が担いで神輿《みこし》に乗った作家は、これまでテレビに出ていたので顔と名前は売れています。

そして選挙で風がどのように吹いていたとしても、選挙手法として「無所属」での出馬だったとしても、めでたく当選と相成ったことが過去にもたくさんありました。

ただ、こうした「論客」は、当選してしばらく経つと有権者の期待を裏切ることが少なくありません。

テレビで鳴らした論客ぶりがピタッと鳴りを潜め、なぜか奥歯にものが挟まったような物言いとなり、かつての輝きが消えてしまうのです。

担がれた政党のひとつの駒になったことから、それまでのように高みの見物からの「無責任な発言」ができなくなってしまった結果なのかもしれません。

有権者にしても「テレビ番組では、あんなに人をバッサリと斬っていたのに」と、その豹変ぶりに驚かされます。

地方議員ではありませんが、たとえば東京都の猪瀬直樹前知事は既成政党に担がれて知事選に勝利しています。テレビに「論客」として出ていたころは広く名を成していました。

ところが、知事として20年の東京オリンピック招致を成功させましたが、選挙対策として徳洲会グループから5000万円の資金提供を受けていたことが発覚し、初当選からおよそ1年で辞任に追い込まれています。

マスコミのインタビューで「なぜ徳洲会からお金を受け取ったのか」と問われ、こう答えていました。

「作家生活で、将来の不安もあった」

猪瀬知事は、あの輝いていた「論客」時代とは別人のようでした。

有権者は、そうした姿を見せつけられると「この人、やはり長いものに巻かれてしまったな」と思ってしまいます。

そこには、いわゆる「論客」が、「テレビの主役から政界の端役」に回されたなれの果てという姿が晒されているのです。

マスメディアで評論する立場としては最高の人材であっても、他人を批判するのはうまくても、いざ現場力となると力を発揮できない人材なのかもしれません。

「論客」だからといって安易に投票してしまうよりも、その人が議員になったときの実行力などを考えてからでも遅くはありません。

あなたの街で、もし論客が次の地方選挙に出馬するとしたら、まず一歩引いてその候補者をじっくり見定めてみましょう。

元役人だから投票してもいいのか？

最初に断っておきますが、私はこのカテゴリーには結構甘いかもしれません。

自分の番組、国会議員インタビュー専門の「みわちゃんねる 突撃永田町!!」にも元官僚・元役人の国会議員がゲストに来ることは頻繁にあります。

国家公務員というカテゴリーに広げると、元自衛隊員もいましたし、交番のおまわりさんもいらっしゃいました。元交番のおまわりさんの国会議員へのインタビューでは、皇居の二重橋で警備をしていたとき黒塗りの国会議員の車が入っていくのを目の当たりにし「自分は警備をするほうではなく、されるほうになりたいと強く思った」という答えが返ってきたことを思い出します。

官僚出身の候補者は、それまで役所で案件のデータを収集、解析し、それを政策にしてきています。元官僚にインタビューをしていて思うのは、日々選挙のことを考え地元のお祭りや冠婚葬祭に駆け回る国会議員に比べて、所管の事柄に関してはエキスパートすぎるほどエキスパートだということです。

さらに海外留学、他省庁への出向、海外団体への派遣なども経験していますので、それだけを考慮するとオールマイティな活躍も期待できるというのがすべての人に共通した印象です。

なんといっても「所得倍増計画」という20世紀最強のキャッチフレーズを生み出した第58～60代内閣総理大臣の池田勇人が、50歳近くになり大蔵官僚から国会議員となり、1年生議員ながら大蔵大臣を務め上げたという歴史からも、元官僚の政策力・政治力がわかります。

民主党の野田佳彦元総理大臣は、松下政経塾でも人望があり真面目だったと聞きます。議員になってからも20年以上朝の駅頭での街頭演説は欠かしませんでした。

民主党は、政権交代後、官僚依存打破を標榜し、政治主導で行くとの方針を決めていました。しかし、財務省の官僚にとっては、総理大臣になることを最終目標にしてきた、生真面目な政治家優等生の野田総理を洗脳するのはたやすいことだったかもしれません。

永田町では、国民の代弁者である国会議員が最も「エライ」とされていますが、議員だけではなにもできません。やはりエキスパートとして長年の経験を積んでいる霞が関官僚の膨大な知識や知恵を上手に使い、国民の意見や要望、雰囲気、流れを汲んで手綱さばきをしていくのが、賢いやり方でしょう。しかしそれは理想であって、現実は官僚を影の先生と奉り、その省庁の意見を鵜呑みにしてしまう例が多いのではないでしょうか。

国会議員は「レクチャー」と称して、所管の役人を呼んで話を聞いたり、勉強させてもらったり、時に意見をしたりします。

議会・委員会で質問をする前には、所管の役人が「打ち合わせ」をしにきます。経験の浅い議員が質問する際には、「本番では、代議士がこう聞きまして、手前どもが先般もお出ししたこのような数字を答えます。そしたら代議士はここを突っ込んではいかがでしょう」などと、手とり足とり教えてくれる場合もあります。

思えば55年体制できた1990年初頭までは、政と官の癒着が横行していたでしょう。30年以上も政権をとっている党が同じでしたから、政と官は車の両輪となります。90年代以降、自民党は2度下野しましたから、そのタイミングで、財務省が「財政再建」という建前を前面に出し、ひっ迫した国の赤字や借金の話で野田総理の外堀を固め、増税に導いたのでしょう。

「政権与党の勢いが低下している時が、様々な改革のチャンス」と、インタビューした旧自治省入省で総務省の務台俊介自民党衆議院議員は言います。消費税5%になった時に地方消費税を導入した立役者です。

時には総理大臣でさえも言いくるめられる、霞が関の粘り強さ。ましてや経験が浅い、議員単体などでは簡単に手のひらにのせられるはずです。

ではその官僚たちが候補者になったら、どうなのでしょうか。

財務省出身で自民党の村井英樹衆議院議員にインタビューで「三島由紀夫さんが平岡公威の本名で大蔵省にいた頃の伝説のようなものはありますか？」と聞いたことがあります。「三島由紀夫が上司に書類を提出したところ、文体をたしなめられ、それで大蔵省をやめた、という話は省内に伝わっています」とのこと。日本を代表する作家の三島由紀夫の文章が注意されるという、滑稽な伝説。この話からも推測できるように、官僚・役人はプライドが高いのです。

いわゆる「ドブ板選挙」という、ベタで地味な選挙戦略を行えるかという心配がありますが、選挙に出ようという元役人はそっちの方もそつなくこなせるというのが特徴です。

インタビューしていても思うことですが、元官僚・元役人は、自分がいた省庁の専門分野は熟知していますし、また自分がまったく関係なかった分野でも、全体像が掴めるのでしょう、飲み込みが非常に早いです。国会、地方議会は法律、条例を作るところですが、そのほとんどは役人が作った省庁・役所から提案されたものを、議員が採決するのです。

ですから法案を提出する際や、条例を提出する際は、一緒に議案を提出する議員仲間から重宝がられるそうです。

しかし、議員になれば、ビジネスでいうところの「B to B」で業務をしてきた役人が、「B to C」になるわけです。相手がガラリとかわります。

たとえば、地方行政の役人であれば、地域住民と直に接することが多いですから、私は、元役人の候補者は、行政の仕組みはもちろん理解している、市民からの厳しい声は聞いているはずだという、ついつい底上げした目線で見てしまいます。当選して「これから勉強します」などという議員よりは、税金の無駄使いが防げるのではと、思ってしまうのです。

かつて「国会議員にも最低限の学力テストや常識テストを導入したほうが良いのでは？」と提言されたどこかの党の方がいました。それも必要なくらい学力の低い議員はいるでしょう。しかし学力や、経歴だけでは計れない力を持つ議員が生まれることもあります。貧困のために学校に行けなかった田中角栄然り。学歴はないものの備わった頭の良さを政策や政局に生かし「カンピューターブルドーザー」などと呼ばれました。

松下幸之助が、松下政経塾で塾生を採用する基準は「運と愛嬌」だったといいます。政治こそ人と人の繋がり、目に見えない何かが様々な出来事を引き起こします。永田町は日本全国から人の欲望、希望や、恨みが集中するところです。予期せぬことで足元をすくわれたり、逆にスターダムにのし上がることもあります。

地方議会も同じです。

鳴り物入りの候補者よりも、仕組みを理解している役人に入れたほうがマシだとはいいましたが、いくら頭が良くても行政を熟知しているといっても、やはり人として徳がなさそうな人への投票は、控えるべきです。勉強してきたことやマイペースなことは悪いことではありませんが、「情けのない人間」は見破らなければなりません。ただ、情けがないからこそ改革を断行できるという事例もありますので、これぞという鉄の意識を持った元役人の候補者に投票するのもかまいません。

あなたの町でも元役人の候補者がいませんか。地方選挙ですと、実際に話を聞ける機会が多いです、元役人の候補者に直に会って、握手でもして、あなたのカンピューターを作動してみてはいかがでしょうか。

元スポーツ選手だから投票してもいいのか?

かつて新党ブームの時代に、プロレスラーのアントニオ猪木（現参議院議員）が立ち上げた「スポーツ平和党」という政党がありました。

「スポーツ精神を政治に取り込み、全国民が健康体を維持することで平和を実現する」

今でも立派な理念だと思います。

馳浩衆議院議員は自民党の所属議員ですが、95年の国政選挙初出馬の際「アントニオ猪木さんにも誘われたから、スポーツ平和党に入ろうと考えたことがなかったわけでもない」という話をされていました。今思えば正解だったでしょう。馳議員にお声をかけていただき猪木さんと食事をしたときも「スポーツ平和党」を懐かしむ話題が出ていました。

所属した党が解散となり、身の振り方を考えるのがいかに大変かは、「みんなの党」の解党をみてもよくわかります。

国会の中で所属政党は会社と同じです。国会に行く権利を地元で得たなら、後の出世は会社、つまり所属政党に委ねられるのです。

国会では「無所属会社」では出世することはまずありません。

地方議員にも元プロスポーツ選手の議員はチラホラといます。元Jリーガー、元プロ野球選手、元プロレスラーなどなど。一つの時代を極めたといって良い選手たちが転職したパターンです。出馬すれば大抵、その知名度を生かし上位当選をして議員となっています。人前で話をすることに慣れている、情熱的に訴えることが上手い、スポーツで培った「駆け引き」を政治に活かすことができる。と、元スポーツ選手は、「人寄せパンダ」の意味合いも含め、政《まつりごと》に向いています。

それと何より、スポーツ選手は、あいさつなどの常識的なことに長けていて、団結力を持ち合わせ、性格も謙虚で、実に議員向きです。大手企業でも有名大学の○○部なら採用という枠があるように、地方議員でも一つくらいはスポーツ枠の議席があっても良いのではないでしょうか。

しかし、元役人の議員と違い、スポーツ選手は政治の世界の右も左もまったくわかっていない人もいます。地方議会が役所で行われているということすらわかっていないのではという懸念もあるくらいです。全体の流れを把握するまで時間はかかるかもしれません。

それでも全体の流れを理解してからがスポーツ選手の本領発揮です。有権者が心の底からの訴えに対して、猪突猛進に突き進んで行ってくれるでしょう。長年の議会のルールや行政のルールが染みこんでいる訳知り顔の元役人よりも、みなさんの声を議会や行政に訴えてくれるかもしれません。

有権者が、猛獣使いのように、そのパッションを生かせば、元スポーツ選手議員を動かすことができます。それが元スポーツ選手候補者の醍醐味ではないでしょうか。


どんなタイプの候補者であっても、むろん投票するのは有権者です。

ここで、ちょっと有権者と候補者の関係に触れてみます。


オタク文化——。

21世紀になって、やっと文化として認められた感があります。

一昔前なら、いい年をした男性がアイドルについて語ると、ただの気持ち悪いオジサンにすぎませんでした。それが今では、「アイドルに造詣が深い」などとむしろリスペクトされることすらあります。

ここ数年、「AKB48」のファンに代表される「オタク的ファン」も市民権を得るようになりました。ただ、「AKB48」の総選挙を見ていても、ファンの好きなアイドルは毎年のように変化しています。

なかには「〇〇一筋」というファンもいますが、その一方で流動的なファンもいるのです。

流動的なファンは、勝手な解釈で特定のアイドルを好きになったり、嫌いになったりします。ある意味、その無責任さがファンの一面でもあります。

それと似ているのが、まさに有権者です。

有権者は、原発や消費税など争点が明確な場合は別として、それが曖昧な選挙ではアイドルのファンと同じように嗜好性のみが強くなり、裏づけのない噂や風評に左右されることも少なくありません。

有権者とファンは無責任というところで似ています。

「ＡＫＢ48」の総選挙で地域の生活が変わることはありませんが、有権者の生活は投票によって変わるのです。

地方議会には変な議員ばかりと嘆いても、それを選んだのは有権者なのです。

芸能界も、不思議なところです。芸能プロダクションが社運をかけてスター候補生を売り出しても、売れなかったというケースは少なくありません。

一方、スターになった芸能人のインタビュー記事を読むと、意外なきっかけがスターへの道を切り開いてくれたことがわかります。

「トレードマークになった衣装は事務所が用意したものではなく、たまたま自分で安く買ったものです」

どんなにマーケティング戦略を立て、お金をかけたとしても、人気が出ないものは出ないのです。

選挙も同じで、優秀な経歴、お金持ち、遜色のない容姿であっても、選挙に弱い候補者はいるのです。

第四章
ネット時代の地方選挙

ネットでアピール過剰は厳禁

ネットが今、政治や選挙の姿を大きく変えようとしています。

私が96年にホームページを立ち上げた当時、それを見てくれるユーザーはかぎられていました。とくに、女性のユーザーが極端に少なかったですが、そのころと比べて、今ではユーザー数が格段に増えています。

もはや政治家や立候補予定者にとってホームページやブログ、フェイスブックやツイッターなどのソーシャル・ネットワーキング・サービス（ＳＮＳ）は欠かせないものになっています。

政治活動や選挙活動にはさまざまな手法があると思いますが、ネットでの「訴え」が必ず加わります。

私は、政治家としてホームページを立ち上げたパイオニア的存在でした。ただ、01年に都議選で落選してしまったため、その後は、講演会の講師活動やテレビ出演のお知らせなどを掲載していました。それもだんだん尻すぼみになり、何年も更新しない時期が続いていたのです。

その間、ブログやツイッター、フェイスブックなどが普及していきました。そうしたものも、ちょこちょこ始めていきました。

ある日、知り合いのウェブデザイナーから言われました。

「佐野さんは、ウェブ上では死んだも同然です」

確かに「佐野美和」で検索すると、落選後もずっと市議時代のものがトップに出てきました。それを開いても、写真が多くアップされているのは市議時代のものでした。残りは、私が活発に活動していないような印象を受け、それも何年か前に更新が途絶えていたのです。

「アメブロ（アメーバブログ）やツイッター、フェイスブックもやっているのに、どうして」

そう聞いたところ、ウェブデザイナーにこう指摘されました。

「市議で96年からホームページを立ち上げている佐野さんと、ツイッターやフェイスブックをやっている佐野さんとが一致していないのです」

一念発起した私は、ウェブ上に散らばっていた自分のサイトをまとめて「佐野美和ポータルサイト」を立ち上げることにしたのです。

それで、やっとネットの世界で「佐野美和」が生き返りました。

今では、国会議員もＳＮＳを頻繁に利用しています。

なかにはスマホで「自民党本部のカレー」などを撮って、そうしたものを手軽にアップしている議員も少なくありません。たぶん、親しみやすさを演出しているのではないでしょうか。

しかし、大物政治家だった田中角栄元首相がスマホでツイッター投稿している姿なんて、想像しただけでも違和感を覚えてしまいます。

ただ、これからの時代、そうも言ってはいられません。

議員みずからの政治的な考えや身の回りのことを発信していくことも政治活動や選挙活動の一環となるのです。

有権者としては、いつもどんなことを考えているのか、偏ってはいないのか、本人が発信しているのかなどを見極めていく必要があります。

それが不快な内容の多いものだったら、その議員を支持することは止めにしたほうがいいでしょう。

あるウェブ会社は、政治や選挙を専門にしています。

その会社が議員にアドバイスしているのは、ＳＮＳに「駅立ち」や「後援会」の画像ばかりアップしないことだそうです。

たぶん「やっている感」を前面に出すことで、嫌らしい「選挙屋」のイメージがついてしまうことを危惧しているからです。

森喜朗元首相は、かつて選挙期間中に「無党派層は寝ていてくれればいい」と発言したことがあります。

自民党は当時、まったく人気がありませんでした。

森元首相にすれば、無党派層が他の政党に投票する可能性が高く、組織票だけでは自民党が負けてしまうという危機感から出た発言でした。

どの政党にとっても、無党派層が大挙して投票所に出かけていくというのは「脅威」なのです。

既成政党は、ふつう確実に投票所に行くと思われる60歳前後の有権者を中心に選挙戦では政策などを訴えています。

そこへネットのカリスマが登場し、ネット上で既成政党を倒そうという機運が生まれたら意外と泡沫候補が当選するということも起こりかねません。

ネットはどこからでも見ることができ、対立候補も必ずチェックしています。

今は、そうした時代なのです。

ネットコンテンツの使い分け

14年12月、公職選挙法の一部が改正され、ネットを使った「ネット選挙」が解禁されました。

それまでの公職選挙法では、選挙の公示日から候補者のネットでの情報更新が禁止されていました。

だれが聞いても、それは納得のいかない規制でした。ふつう選挙戦だからこそ、候補者の最近の顔や考えを知りたいはずです。

しかし「総てにおいて公平を期する」という公職選挙法では、選挙戦に入ってからの候補者の情報更新は御法度《ごはっと》だったのです。

それが解禁となり、選挙戦が始まってからでも候補者のホームページやブログ、SNSなどの更新が可能となったのです。

むろん、地方選挙でも同様です。

14年暮れの総選挙は、フェイスブックやツイッター、ブログ、ユーチューブ、LINEなどネットコンテンツが初めて使える選挙戦でした。

その効果的な使い分けは、実際にはどう行われていたのでしょうか。

自民党の秋元司衆議院議員（東京15区、江東区）の陣営では、フェイスブックやツイッター、アメブロの3大柱に加えて、動画を積極的に駆使していました。

ちなみに東京15区は、東京でも「激戦区」と位置づけられていました。

この本のテーマでもある地方議員でも大いに参考になる話だと思いますので、それを紹介していくことにします。

秋元陣営では、柳本創氏（26）が中心となって、総選挙でのネット戦略を担当しています。

柳本氏は、こう明かしました。

「ほとんどの候補者は、フェイスブックだけ、ツイッターだけ、アメブロだけというのが主流でしたね。たぶん、それで手一杯だったのでしょう。

僕たちはフェイスブック、ツイッター、アメブロ、そして動画の4つを使いました。まとまった活動報告をフェイスブックで。正式な政策などはブログでアップという棲み分けを意識していました」

フェイスブックは、一日に何度も記事や写真、動画などを発信すると「いいね！」の価値が薄まっていきます。

秋元陣営のフェイスブックでは1日平均100の「いいね！」が押されていましたが、

それより下回らないようにフェイスブックのアップは1日複数回に留めることに気を使っていたそうです。

フェイスブックには特殊なアルゴリズムがあり、「いいね！」が多いとタイムラインの上のほうに上がってきます。そのため、アップする数を意識して絞っていたそうです。

要するに、ツイッターは「質より量」、フェイスブックは「量より質」といった使い分けをしていたのでしょう。

フェイスブックでは硬い話だけではなく、候補者が子どもと一緒に息抜きをしている様子や妻の手作りジュースを飲んでいる様子など、候補者の人となりが伝わる内容も交えるようにしていたといいます。

また、このところ急速にユーザー数を増やしているＬＩＮＥも利用していました。候補者が独自に写真を撮ってタイムラインにアップしたり、つながっている人と選挙アピールのトークを独自で展開したりしていたようです。

動画を駆使する取り組み

ネット選挙が解禁されましたが、たとえば自民党は14年暮れの総選挙でどういう対応をしていたのでしょうか。

実は、この件で自民党本部から各候補者に「動画にも力を入れるように」とミッションが出されていたようです。しかも、１分以内にまとめたものという具体的な指令だったと自民党関係者が言っていました。

多くの視聴者は、地上波の巧みに編集された番組、ここぞという場面で繰り返し流される映像、大きな字幕スーパーが画面に出るバラエティ番組などに慣れきったところがあります。

ですから、編集もされていない撮りっぱなしの動画を見せられても正直、しんどいと思うはずです。

その点、秋元陣営では１分以内に編集した動画のなかで候補者が話しているコメントを文字に起こして画面に載せていました。そうしたことで、動画だけをポンとネットに流したものよりも観覧数がグッと増えたそうです。

また、この総選挙で、秋元陣営を含め数人しか取り入れていなかったソフトがありました。ツイッター社が買収したＢｉｎｅ（バイン）というソフトです。それを使うと撮った動画を簡単に６秒に編集できるといいます。選挙以外の平時では、何人かの議員が使用しています。

たった6秒でなにが伝えられるのだろうと思い、柳本氏にバインで編集した動画を実際に見せてもらいました。

それを見ると、朝のあいさつの6秒、式典出席の6秒、ラジオ体操の参加の6秒など候補者の行動がリアルに伝わり、見ていて飽きないうちに動画が終わってしまいました。十分、動画のスタートボタンを押したくなる気分にさせてくれるようなものに仕上がっていました。

投稿する側からすると、従来なら動画を編集するのにまずスタジオを借りて、技術スタッフにお願いしなくてはなりませんでした。

しかし、このソフトを使うとスタジオやスタッフは不要で、たんにスマホ1台がありさえすれば要件は済むのです。

最初は陣営のスタッフ内も「有権者は動画を見ない」という冷めた反応だったらしいのですが、定期的に短い動画のアップを心がけていくうちに「いいね！」の数は確実に上がっていったといいます。

そして、公示日から7日目、「公明党が公式にバインを始めた」という情報が流れました。公明党は、組織的にネットを巧みに使うことで定評があります。

秋元陣営では、「タイムラプス」という先進的なツールも使っています。

タイムラプスとは、静止画を繋いで動画のように見せるものです。たとえばスカイツリーの工事中の様子を定期的に静止画で撮って、それを繋いで動画にした作品などがあり、動画共有サービスなどで公開されています。

選挙用語で、「桃太郎」という言葉があります。

候補者が商店街などを練り歩く選挙活動のことで、ハチマキを巻いた桃太郎（候補者）に、のぼりを持ったスタッフがひかえていることからついたものです。

その桃太郎（秋元議員）が映ったタイムラプス画像をスマホで見せてもらいましたが、まったく選挙に興味がないユーザーが見たとしても映像として実に楽しいものに仕上がっていました。

それまで秋元陣営では、この桃太郎をユーチューブやＳＮＳに貼り付けてアップしていたそうです。それをタイムラプスでアップすると、テレビＣＭほどの長さなので以前よりも見やすいものになっていたといいます。

昨年暮れの総選挙では、国の費用が６３０億円も使われています。むろん、原資は納税者が収めた税金です。

そのうち９割近くの５２４億円が都道府県への委託費で、次いで大きいのが新聞広告費の21億円でした。

なんとも、莫大な費用です。

一方で、秋元陣営の例を見てもわかるように、候補者サイドがほとんどお金をかけずにアプリを導入することで、候補者自身がネットコンテンツを効果的に使ってプロパガンダできる時代になってきているのです。

柳本氏は、ネット選挙でのブログの使い方をこうとらえていました。

「ブログは、やはり『プル型』のネット戦術です。それを見たい人や興味のある人が検索してたどり着くという引き上げ型のネット戦術なのです。

それに対して『プッシュ型』のネット戦術は、これまでメルマガなどのメールだけだったのですが、新たに自動的に飛び込んでくるSNSのツイッターやフェイスブックが加わったことで、こちらから相手にプッシュがしやすくなりましたね」

そう言えば、かつて「小泉旋風」の最中に、小泉首相のメルマガ「ライオンハート」が一世を風靡《ふうび》して、それを読みたい人たちがこぞって登録をしたこともありました。

柳本氏は、あくまで冷静にネット選挙を見ていたようです。

「正直、ほとんどの候補者は、ネットなんかやっているヒマがあったら街へ出て1人でも多くの有権者と握手をしたほうがいいと考えています。たとえば駅前に立って、毎日

100人の有権者と握手したほうが効果的だということです。

でも、私は立場上、たとえば1分の動画をつくってネットにアップすれば、100人以上の有権者に、しかも今まで開拓できていなかった層の人たちにも見てもらえるということを熱く訴えましたね」

私も20年前、いくらホームページで反響があったとしても、それは全国の人たちがポツポツと見ているだけのことで、ターゲットとしている八王子の有権者には届いていないというのが課題でした。

その悩みも、柳本氏によると、ネットコンテンツをめぐる技術の進歩で大幅に解消されているといいます。

「たとえばツイッターで、秋元議員に関する『衆議院選』、『東京15区』、『江東区』などのハッシュタグをつけると、それに関係したユーザーにツイートがちりばめられるようになっています」

こうした選挙対策もあり、秋元候補は接戦の末に当選しています。

もはやネットコンテンツを駆使しないと、候補者は当選もままならないという時代が確実に近づいてきているのです。

それは、これからの選挙戦ではネットコンテンツを知り尽くした選挙スタッフが欠かせないということを意味しています。

地方政治にもＳＮＳが不可欠

私が市議だった20年近く前は、メールの一斉送信もあまり普及していませんでした。ですから、多くの熱い応援メールに一言でも返信しようとするとかなり時間がかかっていました。

しかも、そのころネットを使える人も極端に少なかったので、パソコンの前に座るスタッフの数はかぎられていました。

選挙戦でネットを駆使していると、好意的な応援コメントだけではなく、もちろんクレームコメントも寄せられます。

政治的なクレームコメントは、もともと思想信条が違っていることがほとんどです。それに選挙陣営がいちいち対応したとしても、相手のクレームが直ぐに止むということはありません。

ただ、こうしたときに一番まずい対応は、中途半端なリアクションで終わらせることです。相手も不完全燃焼になってしまい、逆恨みされることにもつながりかねません。

国会議員や地方議員の選挙戦で、ネットが広く行き渡っているとしても候補者は発信したい、有権者は知りたいという基本的な構図は変わっていません。

ただ、その情報を候補者が発信し、有権者が受け取るという手段はどんどん進化し、より簡易なものになっていっています。

次の地方選挙では、こうしたコンテンツをめぐって、どれが使い勝手がいいのかわからないくらい次々と新しいものが出てきているはずです。

ですから、議員や候補者も、選挙があるからといって急にネットコンテンツやソフトを使い始めるのではなく、選挙戦では日ごろからの地道なネット活動が求められる時代になってきていることを認識しておく必要があります。

有権者側から見ると、ネット選挙はどう映っているのでしょうか？

想像すると、こんな感じではないかと思います。

たとえばフェイスブックで、日ごろ接点のなかった議員と気軽に「友達」として繋がることができます。言いたかったことや激励の言葉も、相手に簡単に伝わります。

あくまでネット内でのことですが、議員について「文章が意外とチャラい」、「スタンドプレーが多い」など選挙公報では知り得ない個人的な特徴も知ることができます。

もしくは逆に「誠実そうだ」、「なにかやってくれそうな気がする」と心を動かされるかもしれません。それが、ユーザーの投票行動に変化に繋がっていくことも十分に考えられます。

これこそが、かつての自民党がもっとも恐れていた無党派層の投票行動の変化でもあるのです。

ネット選挙の広がりによって今後、自民党は地方選挙で公認候補者に投票しようとしない有権者を「村八分」にするという従来の手法が取れなくなる可能性があります。

もちろん、ネット内でも流行や空気といったものはあります。

ただ、隣近所による「村八分」ということに比べると、有権者は冷静に投票行動ができる状況が生まれつつあるということです。

ネット選挙の対処法

八王子市議選で再選を目指していた1999年、私は選挙戦が始まってからもホームページを毎日のように更新していました。

まだ公職選挙法がネットの普及に追いついていない時代で、政治的見解はグレーゾーンという扱いだったのです。ですから、毎日更新していたにもかかわらず当局からの「お咎め」はなにもありませんでした。

ネットユーザーも今よりかなり少なく、特定の人しか見ていませんでした。検索エンジンも発達していなかったので、私のホームページも有権者の目には触れにくかったというのが実情だったのです。

当時を振り返ってみると、まず駅前での朝立ち、街を練り歩く「桃太郎」姿などを写真に撮ってもらいます。それを夕方までに近くの写真屋さんで現像してもらい、友人に手渡してホームページにアップしてもらっていました。

当時、まだデジタルカメラも普及していませんでした。今のようにスマホで撮影して、そのままアップできる時代がくるとは想像もできませんでした。

14年12月の総選挙で、既成政党はそれぞれネット選挙対策を行っています。

自民党はネットメディア局を立ち上げ、ＳＮＳには大変な力の入れようでした。

安倍首相がＳＮＳ、とくにフェイスブックに明るいということで、首相自身が応援演説に駆けつける予定の候補者や場所をフェイスブックで告知していました。

そして、それぞれの応援演説などの様子をフェイスブックで事後報告し、それを応援してもらった候補者がシェアするということをやっていました。

フェイスブックの「友達」は上限が５０００人ですが、それ以外のフォロワーは安倍首相の場合40万人以上となっています。

応援演説では安倍首相にも負けないくらいの人気者なのが、小泉元首相の子息である小泉進次郎衆議院議員です。

小泉議員も、フェイスブックには前向きです。安倍首相と同じく応援演説の告知や訪問先の模様をフェイスブックに載せることで、応援した候補者をリンクしていました。そうすることで、さらに候補者をバックアップしていくという手法を取っていたのです。

この2人が候補者の応援演説に駆けつけると、「時の首相を見てみたい」、「未来の首相の話を聞いてみたい」と1000人以上の聴衆が集まってくるといいます。

そして聴衆が1000人だったとしても、フェイスブックの「いいね！」を押す人はその10倍以上の数にもなっていくというわけです。

一方、野党のほうは、たとえば野田佳彦元首相が街頭演説をしても安倍首相や小泉議員のように1000人以上の聴衆など集まりません。

そのためネット戦略にしても、候補者それぞれの寂しい演説風景の写真がアップされているというのも少なくありませんでした。

さらに候補者のポスターが破られているという通報写真をアップするなど、自民党に比べるとネットコンテンツのネガティブな使い方が目立っていました。

ただ、ネットを使った選挙戦では、思いもしなかった出来事が功を奏することもあるようです。

昨年12月の総選挙で、選挙戦が始まって3日目、こんな記事が新聞に載りました。

「衆院選自民候補　車上荒らし被害」――。

なんと、前述した秋元議員の事務所で日ごろから政治活動に使っていた車の窓ガラスが割られて、ポスターやビラが盗まれるという事件が起こっていたのです。

秋元陣営のネット担当者、柳本氏がことの顛末を明かします。

「今までの選挙戦では、似たような事件があっても泣き寝入りで終わっていました。今回は、それをツイッターに上げたところ1000リツイート、アナリティクスでは12万件ぐらい投稿が読まれたという数字が出たのです」

リツイートは、ツイッター内でのリンクのことです。アナリティクスは最近ツイッターが公開したシステムで、閲覧数などが細かくわかるカウンターのことです。

ともかく、この事件は、保守系を応援しているサイトなどが拾ってアップしています。そのため、ネットユーザーの有権者にも幅広く知れ渡ることになったといいます。

つまり、テレビや新聞では取り上げられないようなレベルのことでもネットを使って積極的に広めることができるのです。

その際、注意することは、フェイスブックはネガティブな話でも「いいね！」を押してもらうというアクションが肝心ですから、このような事件でも文章の最後は明るく締めくくらないといけないということです。

そんな最中、たまたま安倍首相が秋元議員の応援演説に駆けつけています。この「安倍首相が応援する候補者はどんな人物なのか」をネットでたどっていくと「最近、なんと窃盗に遭った候補者なんだ」と、幸か不幸か話題が広まっていったといいます。

まさに、「災い転じて福となす」というケースです。

秋元陣営では選挙戦の初めのころ、ネットにアップする写真はすべて候補者とともに行動をしている秘書さんが撮っていました。ただ、秘書さんは写真を撮るのがメインの役割ではなく、他にもやることがたくさんあります。

その点、柳本氏がこう明かしました。

「正直なところ、今まで撮られていた写真があまり良くなかったのです。ブログやSNSでは、写真のきれいさ、美しさというのはとても重要です。

いい加減に撮ったものよりも、構図やピントがきれいだったりするとそれだけで、コメントが増えたり、ツイッターでのリツィートやフェイスブックの『いいね！』が増えます。質の良い写真というのは、やはり信頼性が高まるのです」

その点、安倍首相には一眼レフのカメラで写真だけ撮影するスタッフがついているといいます。ネットで写真をアップするには、そこまで考えておかないといけないということです。

確かに、フェイスブックにアップされた安倍首相が小松裕候補者（長野1区）の応援演説に駆けつけたときの写真を見てみると、降りしきる大粒の雪をダイナミックに力強く捉え、1000人以上の聴衆が集まっていることが一目でわかる写真になっています。党本部が撮っているのか官邸サイドで撮っているのかわかりませんが、他の応援演説の画像を見てもアングルが別格なのです。

ただ、選挙後の新聞などの情報によると、ネット選挙はまだまだ広まってはいないようです。

ある調査によると、14年12月の総選挙で当選した国会議員のなかで最も重視する情報発信の手段としてSNSやウェブサイトと回答したのは2％にすぎませんでした。

そして「有権者との直接的な交流（集会など）」が73％、「街頭演説」が16％となっていました。政党別に見ると、最も比率が高かった日本維新の会で5％でした。

しかし、3番目に重視する情報発信の手段まで含めると、公明党や共産党、社民党では50％前後の当選者がSNSを重視すると回答しているのです。ちなみに自民は26％となっています。

国会議員や地方議員にとって、選挙戦の最終目的は有権者に投票所で自分の名前を書いてもらうことです。

確かに、候補者が有権者の家庭を1軒、1軒、こまめに回るという選挙活動が根づいている地方では、情報発信の手段としてSNSやウェブサイトなどに取り組むことは余分な仕事が増えるだけのことかもしれません。

ネット社会では、とにかく他人を「誹謗中傷」したがる傾向があります。その類のネットユーザーの反応や、それへの対応が面倒くさいのでSNSには参加しないという議員も少なくありません。

たとえば江東区の都議や区議など地方議員は、政治活動や選挙活動でのSNS参加には消極的だといいます。

15年1月現在、江東区選出の都議4人中2人がツイッター、1人がフェイスブックを利用しています。区議では43人中16人がツイッター、21人がフェイスブックを使っています。ネットコンテンツの利用者は、まだ半数以下というのが実態です。

地方議員は、よく「選挙活動にはお金がかかる」とこぼしています。

それは、冠婚葬祭を含めた交際費や次の選挙に当選するための自身の活動報告を載せた

「刷り物」にお金がかかるからです。

自分の活動報告を兼ねた刷り物がなければ、次の選挙で果たして生き残れるのか心配でたまらないのです。

ネット選挙が解禁になったといっても、昨年暮れの総選挙ではネットの情報で候補者を決めたという有権者は全体のわずか数％しかいませんでした。

地方選挙の場合、刷り物に比べてお金のかからないネット対策を準備したとしても、有権者は高齢者が多くネットに明るくありません。

そんな候補者の情報源となると、やはり候補者の活動報告が載った刷り物ということになります。その郵便でポストに届けられる刷り物が候補者について知らせてくれるのです。

刷り物はまだまだ選挙活動にとって有力なツールなのです。

それでも、ネットコンテンツの利用者は毎年のように増えています。総務省の調査（13年）によると、13歳～69歳の人の57・1％がなんらかのＳＮＳを利用しています。

この利用者数の増加傾向を見ているかぎり、今後、政治活動や選挙活動で積極的にネットコンテンツを利用するのが当たり前のようになっていくと考えられます。

ただ、結局はネットコンテンツというツールですから、それを利用するかどうかは候補者自身が決めることです。

そして地方選挙での候補者の最終目的は、まさに票を集めて当選することなのです。

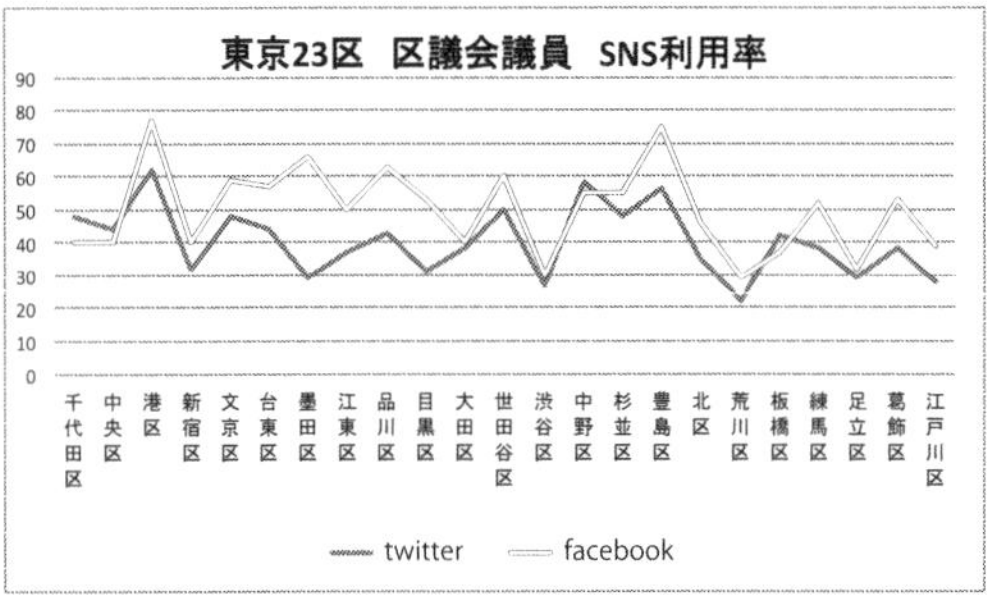

出典：都政新報電子版

第五章
地方選挙の望ましい姿は
地域誘導型

議員社会を支配する「議員カースト制」

国会議員と地方議員は、何が違うのでしょう。一言で言うとすれば、国会議員は法律を作る、地方議員は決められた地域の条例を作るということでしょうか。

議会ごとの構成人数、議会が開かれる場所、議会の日時、そして給料に至るまですべて違います。しかし、選挙になると多くの有権者は、選挙を一緒くたに考えてしまいます。国政選挙と市長選挙の違いくらいまでは意識していても、県議会選挙、都議会選挙、さらに補欠選挙となってしまうと、何が何だかわかりづらく、結果、選挙に行かなくなることもあります。候補者縁者や政治関係者にとって、違いは明白でしょうが、一般的な認知度は極めて低いのが現状です。

国会議員は国の法律を決めるのですから、日本国全体を視野に入れて考える必要があります。一方、地方議員は選出された地域の条例を決めるのですから、その地域のことを第一に考えるのが普通です。

しかし1996年、衆議院小選挙区選挙以降は、国会議員、都議（県議）、市議（町議）のすべてが同じ範囲の選挙区を走り回ることになった地域が多くなったため、有権者にとっても違いがわかりづらくなっています。

地域活動に積極的、地元の盆踊りなどにも顔を出す地域の政治に明るい有権者でさえも、その違いが時にわからなくなり「A議員が1番初めにあいさつしたから国会議員かな」と始めてわかることもあるほどです。

議員のカースト制は、もちろん存在しています。地域の「議員カースト」でいうと、国会議員がピラミッドの頂点です。大きい都市では首長が頂点にくることもありますが、その下に都議（県議）、市議（町議）などがきます。歳費、給料もこれに比例します。

地元のイベントなどではあいさつする順番も身分の高い方からですし、あいさつは最も身分が高い議員だけで、あとは名前の紹介だけということもよくあります。

「議員カースト」は誰も口に出しませんが根深いものです。国会議員でさえも、小選挙区で負けて比例復活した議員を陰で「ゾンビ議員」と呼びます。小選挙区を勝ち抜いた議員と同じバッジは付けていても、希望の委員会には入れなかったりとどこかで下に見られるきらいがあるのです。

同じ給料をもらっている市議会議員同士も同じです。トップとギリギリ滑り込みで当選したものには、目に見えない格差が存在するのです。

話を元に戻しますが、小選挙区制が導入されてからというもの、地域が狭くなった分、有権者には国会議員も小粒に写ります。選挙戦でやっていることが、同じ地域ですべて同じだからです。駅であいさつ、街頭で演説、戸別訪問。国会議員と地方議員に差がなく、これでは有権者が混乱してしまうのも当然です。しかし明らかに、国会議員と地方議員は違うのです。

代表的な例として２０１４年11月に行われた沖縄県知事選などは、基地問題で国の方針とは真逆の路線を訴えた候補者が当選しました。

国全体を見渡す国会議員は、時には地元にきつい法律にイエスといわなくてはいけない時もあります。しかしそれが日本の国益になるならば致し方ないときもあるのです。

地方議員は、時に視野が狭いといわれるような地元利益誘導型の案件を可決することもありますが、自分の地域を考えるなら突き進むしかないこともあるのです。

議員カースト制での出世コースが「市議→県議→国会議員」とするなら、その逆を進もうとする人もいます。

それは民主党の高井美穂元文部科学副大臣(徳島県選出)で、40代の2児のママさんです。高井さんは早稲田大学を卒業後、入社したダイエー時代に民主党の小宮山洋子元厚生労働大臣（13年に政界引退）と出会い、政界進出を決めたといいます。

03年に初当選を果たし、3期務めたあと落選し、14年の総選挙には出馬しませんでした。ただ、「家庭生活と政治活動を両立したい」との思いで、次の徳島県議会選挙に出馬する予定だといいます。

まさに、これまでの「議員カースト制」を覆す新しい流れです。

家庭生活と政治活動を両立するために県議になりたいという高井さんのケースは、これからの新しいロールモデルになるかもしれません。

私は、国会議員を1期務めて落選した元議員の子息に、こう問うたことがあります。

「お父さんは市議、都議と地方議員のエキスパートだったのですから、市議に戻ったらどうですか」

「親父を馬鹿にするな」

そのとき、私は厳しい口調で怒られました。

私がそう言ったのは、そのお父さんが市議に返り咲いて長年培ってきた実力を発揮することで役人も他の議員も締まるし、国政とのパイプだって生かせるわけで、本当の意味で市民に還元できるのではないかと考えていたからです。

議員バッジをつけたからには目指すは総理大臣というのは、昭和の国会議員像なのかもしれません。

今は、そんな時代ではありません。

高井さんのようにライフスタイルや年齢、健康などを考慮して「議員カースト」をステップダウンしていくことは、これからの主流になっていくのではないでしょうか。

たとえば原発再稼働に反対している首相経験者の小泉純一郎、細川護熙の両氏は、政界復帰を否定しています。

ただ、二人が福島県の県議や市議になって原発再稼働に反対したとしたら、実にカッコイイ姿だと思います。

大手マスコミには痛烈に批判されると思いますが、その姿を想像するだけで胸を打ちます。

このステップダウン方式は、ダウンしてきた議員も時間に余裕ができて心身ともに楽になるはずです。

国会議員は、ふつうの忙しさではありません。年間日程が、ある程度決まっている地方議員の比ではありません。国会の予定が急に入ってきたりします。

その仕事は、大きくわけて国会内の仕事、党本部の仕事、地元の活動の3つです。職場が永田町で、大事な有権者は地方にいます。その移動が、また大変です。

その点、地方議員は職住近接です。議会でよほどの問題が起こらないかぎり、時間的な余裕があります。

有権者にしてみると、国会議員よりもコストがかからず、能力が国会議員並みの地方議員にしっかり働いてもらったほうが、地方自治体の費用対効果という面からもベストではないでしょうか。

私が受けた20代後半の市議時代のインタビューを読み返してみると、生意気にもこう語っています。

「地方議員は、女性に向いている職業です」

その気持ちは、改めて考えてみても変わりません。

現代の女性は、ともかく「自分の時間」を大切にしたいのです。正社員で働いたら、給料は増えていくかもしれません。その代わり仕事が忙しくなって、自分の時間がなくなることのほうが嫌なのです。

地方議会に政党の論理は必要なのか？

「地方議会に政党の論理は必要ない！」というのは私が以前、八王子市議会議員をしていた頃のキャッチフレーズでした。一貫して無所属・無会派として活動していたため、自民党の上から降りてくる政策や、どこを切っても同じ顔が現れる金太郎飴政策の共産党などに対するアンチテーゼでした。

そういうと格好良すぎますが、所属政党がないために縦割りの意見に従わなくてよく「この街にとって有益か不利益か」ですべて判断できますし、何よりもしがらみがないことは、時にのびのびと、時に路線を大きく外れてでも、市民の意見を行政に伝えることができるといえます。

党所属の議員は、党から公認をもらっており、党に公認費など金銭的な面でもお世話になっている場合もあるため、自分の地域にとって有利なAという案件に賛成したくても、全国的なことを鑑みる党の方針に従い、時にはBに手を挙げなくてはなりません。

どちらが正しいかはわかりませんが、議会制民主主義ですので、私たちが付託した議員さん達の多数決となります。だからこそ、選挙へ行って自分の考えを代弁してくれそうな、候補者に託すことは重要なのです。

忘れられた地方分権

「いつかは国会議員になりたくて、以前は党本部で働いていました」という国会議員さんにインタビューしたことがありました。

私がイヤシくも「お給料は自民党本部ですと、かなり多いのではないですか?」と尋ねると、「我々は活動家ですから、給料は少ないですよ」とのこと。サラリーマンでも、公務員でもない、活動家。自民党員から聞かされたのが意外でした。自民党の議員というと、地元の名士というイメージが強いですが、見方を変えれば自由民主党の主義主張を貫く活動家が、全国津々浦々に配置されているということです。

政権を取ることが目的で同じ政策を実行する集団。

政党はそう定義されています。党内で、侃々諤々、丁々発止やり合って、一つの意見に集約されたものは、それなりの素晴らしい政策になっているでしょう。

しかし、それが極端な話、北は北海道網走市と、南は沖縄の最南端竹富町に、同じ温度で届くかということです。北は北のベストな条例、南は南にふさわしい条例を作れば良いということです。その条例を作って行くのが、地方自治です。

ですから、中央の政党の論理は各地方自治体になじまないこともあります。国に対抗しようということではもちろんなく、その地域の利益になるのなら、国の動きにとらわれず、独自の考え、サービスを断行して行くことも必要だということです。自治体も議会も、そして有権者も、勇気を持って、一歩を踏み出してほしいものです。

すっかり忘れ去られた「地方分権」、自分の地域の選挙のときだけでも考えてはいかがでしょうか。

地方分権に変わった新顔「地方創生」

倉庫に置き去りにされた「地方分権」の代わりに、「地方創生」と言ったなにやら新しいビジョンが飛び込んできました。

民間の研究機関「日本創成会議」によれば、2040年には日本の523の市区町村が消滅する可能性が高いと指摘されています。「シャッター通り」どころか消滅というのですから問題は深刻です。

先日インタビューした、旧自治省出身で総務省の務台俊介衆議院議員は、「地方分権」

のエキスパートで、消費税が５％になる際、そのうち１％を地方消費税・独立税源とした立役者です。「消費税が増税されても地方が潤わなくてはならない」と、若い課長補佐時代に提言し、時の上司や財務省と戦った武勇伝を語ってくれたことがあります。「地方分権」と「地方創生」は違いますが、それぞれの地方に力をつけさせ元気にさせるということで目的は同じです。

地方創生法案に関していえば、地域の活性化は「霞が関に妙案はない」というのが現実です。だからこそ、縦割りの国政の論理にしばられることなく、地方行政・議会、とどのつまりは地方選挙、あなたの１票が重要になっていくのです。

お金がすべてではない。その通りです。たとえＧＤＰが低くても幸せだと思える国民がたくさんいる国があります。かつての日本もそうだったかもしれません。

しかしお金を一度手にすると、ないよりもあるほうが良いと感じるのは世の常です。新聞報道によれば、政府と自治体の上下関係により、復興交付金も政府の許可がないと使えないものが多く、自治体としては「使えない財源を持たされている感じ」だそうです。

自分で稼いで自分に都合のいいようにお金が使える生活のほうが楽しいと思うのは私だけでしょうか。そのためには、選挙に行くしかないのです。

国会議員の勧める人ではなく、自らの目で選んだ人に投票しよう

国会議員と地方議員の関係は密接です。「議員カースト」と名づけるならば、国会議員→地方議員（県議・都議）→地方議員（市議・町議）となります。

お祭りや学校の行事のような集まりの際に、議員は国政・地方・党の枠組みを超えて、互いを品定めできます。どんなあいさつをするのだろう。内容、話し方、話の尺、聞いている人の反応はどうだろう。どのようなたたずまいなのか。来るタイミング、主催者や有権者との接し方、握手の仕方、帰るタイミングはどうだろう。

「あいさつが簡潔でうまいなぁ」「いつも話がだらだらと長いよ」「握手のタイミングがいいなぁ」「あいさつはイマイチだけれど、会場全員と会話したな」「有権者の前だと態度が違うな」などと声には出さないものの、心に議員の特徴を刻み込みます。

毎週のように顔を合わせていれば、議場で一緒になったことがなくても、人となりが、よくわかってくるものです。

同じ党だと、さらに顔を合わせる機会が多くなります。しかも、お互いの選挙で協力関係にありますから、気も遣います。

国会議員から地元の地方議員を見ると「能力は俺より低いかもしれないが、何よりも自分の言うことに従ってくれる、集票能力が高い」「あいつは政治家としての資質は俺より上だから、寝首を掻かれないように、市議選では恩を売ろう」などと様々な思惑が頭をよぎります。

地方議員のほうも「あの国会議員が病気や何らかの事情で辞職した際は、誰がなるのか」「あいつだな」「俺だな」など様々な想定を胸に日々活動をします。

昔のように絶対的な権力者が国会議員として君臨していて、お金を含めて面倒を見ているという、上下関係が鮮明な構図ではありません。

地方議員は、自分のイベントで国会議員があいさつしてくれるのは、鼻が高いし、同時に国会との連携もアピールできます。一方、国会議員にとっては自分が主催するイベントに地方議員が多く集まっているということは、地域の代弁者が集合しているということで、力のバロメーターにもなります。

お互いの選挙選になれば絶大なる力を発揮し、少数政党や無所属の地方議員にパワーを見せつけます。その点無所属の地方議員は、もともと連携している同業者が少ないわけですから、国政とのパイプや地域での力を見せつけるためには、日頃からの努力が欠かせません。

税金から党に支給され、議員や候補者に配られる「政党助成金」も、無所属の地方議員はもらえません。ちなみに政党として受け取りを拒否しているのは共産党だけです。衆議院で小選挙区制度が導入されたのも、政党助成金が導入されたのも、他国を見習った二大政党制を日本に誕生させるため。無所属や少数政党に所属する議員はこれから生き残っていくのが難しい世の中となっているのです。

よく考えなくてはならないのは、地方選挙は一人を選ぶ選挙ではないということです。幕の内弁当のように、様々な食品が入っていますが、食べ終われば調和がとれているなと思わせます。

小選挙区制導入により、地方でも今後政党色が強くなっていくのは間違いありません。ただし、だれに投票するかは私たちの自由です。

いろいろ書いてきましたが、やはり「好き嫌い」は非常に大切な投票コードです。政治こそ、人と人との繋がりで、好きか嫌いかの集合体と言って良いのです。

「自分は自民党を支持しているが、自分の町の自民党候補者には投票しない」

それで良いのです。その党がいくら輝いていても、自分が入れる人を嫌いでは意味がありません。

問題は、私たち日本の有権者が選挙のときと、選挙ではない平時のとき、判断がかわってしまうことです。

選挙の際は、大手メディアが毎日のように選挙のシナリオを提示し、その方向で有権者を「洗脳」さえします。

小泉旋風ピークの時に、私は無所属で都議選を戦っていました。

戸別訪問で訪ねる家のすべての人が、その日の朝ワイドショーで聞きかじった意見を異口同音に語っていました。日本人は素直で、長いものに巻かれやすいところがあります。それがよいところでもあるのですが、ただ政治に関しては、あまりに「自分の視点が欠けている」と感じられます。候補者を知るために、大手メディアはもちろん、週刊誌、夕刊紙を参考のために大いに読みましょう。そこから自分の答えは自分で出すのです。

あなたの投票用紙は誰ものぞくことはできません。夫婦でも、親子でも、あなたがどの候補に投票した人はわからないのです。

みなさん、次の地方選挙では、だれにも縛られずに自分が期待している候補者に素直に投票してみませんか？

あとがき

今年4月の統一地方選挙で選ばれる地方議員は、みなさんの地域にとっても重要な役割を担っています。

日本は今、東京一極集中と日本各地の過疎化、シャッター街化という歪んだ二極化が進んでいます。このままでは、一部の地方はますます廃《すた》れていくばかりです。

ですから、次の地方選挙では、議員の仕事を十二分にこなせる候補者を当選させないと、地方の将来は「お先真っ暗」かもしれません。

確かに、これまでは地方議員としての役割を十分に果たさなくても、議員として居座り続けることができました。

それは裏を返せば、だれが議員になっても同じという時代でもあったからです。

地方自治体は、国の言うことを聞いていれば、ある程度うまくいっていたのです。国からの交付金など財政的にも余裕があり、なんでも国任せという桟敷《さじき》に胡坐《あぐら》をかいていても済まされた時代でした。

ところが、今はそういう時代ではなくなっています。

多額の借金を抱えた国は、もはや日本各地のさまざまな課題を解決する政策と予算を地方に提供できなくなっているからです。

地方の課題は今後、みずからの力で解決していくしかありません。

今こそ、地方の自治力が求められています。そうした視点から、やはり「あきれた、ふざけた地方議員」は地域住民にとって邪魔な存在なのです。

選挙時の有権者は熱狂やムードに流されて日ごろとは別人格になり、冷静な判断ができないまま投票をしていたという人も少なくありません。

私も地方議員だったので選挙管理委員会の手先のように「選挙へは行きましょうね！」と言ってきましたが、そもそも選挙に行くだけで自分たちの住んでいる地方が住みやすくなるのでしょうか？

あきれた、ふざけた候補者に投票してしまった有権者は、「私たちの税金はどうなっているの？」と文句を言っているだけではありませんか？

あなたが「あきれた、ふざけた地方議員」にダマされないためには、まず地方議会や地方議員のことをよく知ることです。

欧米では、地方議員は住民のサーバントという認識があります。その点、日本の地方議員はみずからの立身出世や損得だけを考えている人が少なくありません。

日本の地方議会は毎日のように議会が開かれるわけでもなく、会期は多いところでも年間50日ほどと驚くほどの短さです。単純計算すると、高すぎると批判されてきた地方議員の報酬は、サラリーマンの給料に比べると格段に割りがいいのです。

ただ、地方議員の仕事ぶりが報酬に見合っていないといっても、その本来の役割が軽くなったというわけではありません。

むしろ、その役割は今後、「地方創生」という面からもますます高まっています。「18歳選挙権」の導入が現実になろうとしている今、この本では、条例集に書いてあるような地方議会、地方議員のあり方ではなく、人間味あふれる地方議員の姿を知っていただくことで、次の選挙で候補者を選ぶときの選択眼を養ってもらいたかったのです。

そして選挙が終わってからも、この本を読み返して、自分の判断は間違っていなかったかどうかを確認する意味でも利用していただけたらと願っています。

初の選挙からちょうど20年目の２０１５年4月に　佐野美和

佐野美和（さの・みわ）

政治キャスター。
1995年から2001年まで八王子市議会議員。
2001年から始めた国会議員へのインタビュー数は、のべ500人以上。
番組「会いに行ける国会議員 みわちゃんねる 突撃永田町!!」。
http://miwachannel.com

あきれた、ふざけた地方《ちほう》議員《ぎいん》にダマされない！

2015年 4月 16日初刷発行

著　者　佐野美和
発行人　佐久間憲一
発行所　株式会社牧野出版
〒135-0053
東京都江東区辰巳1-4-11　STビル辰巳別館５F
電話 03-6457-0801
ファックス（ご注文） 03-3522-0802
http://www.makinopb.com

印刷・製本　中央精版印刷株式会社

内容に関するお問い合わせ、ご感想は下記のアドレスにお送りください。
dokusha@makinopb.com
乱丁・落丁本は、ご面倒ですが小社宛にお送りください。
送料小社負担でお取り替えいたします。

ISBN978-4-89500-186-1